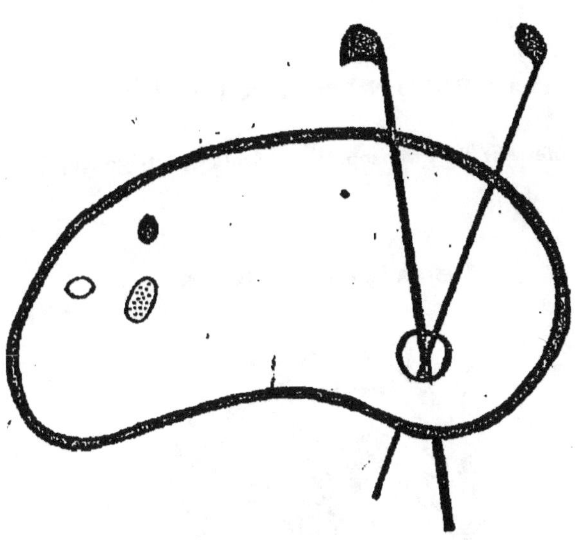

DEBUT D'UNE SERIE DE DOCUMENTS
EN COULEUR

SCIENCE ET RELIGION
Etudes pour le temps présent

Pourquoi les Dogmes ne meurent pas

PAR

GASTON SORTAIS

Ancien Professeur de Philosophie à l'École Saint-Ignace, Paris.

Deuxième édition

PARIS

LIBRAIRIE BLOUD ET Cⁱᵉ

4, RUE MADAME ET RUE DE RENNES, 59

1905

SCIENCE ET RELIGION

Études pour le temps présent. — Prix 0 fr. 60 le vol.

208 *La Bible et l'Orientalisme :* **La Bible et l'Egyptologie**, par
V. ERMONI.. 1 vol.
209 DU MÊME AUTEUR : *La Bible et l'Orientalisme :* **La Bible et**
l'Assyriologie.................................... 1 vol.
210 *Les Grands Philosophes :* **H. Taine**, par Michel SALO-
MON .... 1 vol.
211 **Apologie du Culte catholique**, par le chan. MOUSSARD   1 vol.
212 **Symbolisme du Culte catholique**, par A. SAUBIN..   1 vol.
Les Bases anatomo-physiologiques de la psychologie, par
le Dʳ E. BALTUS, professeur à la Faculté libre de Lille. — Introduction par E. PEILLAUBE............................... 2 vol.
213-214 *Le Système nerveux*, 13 gravures.   Prix : 1 fr. 20.
215 *Le Cerveau.* Deux gravures........................... 1 vol.
216 **L'Influence de saint François d'Assise sur la civilisation**
et les arts, par Alphonse GERMAIN...................... 1 vol.
217 **La Liberté de penser et la Libre pensée**, par le Châ-
noine CANET... 1 vol.
218 **La Science de l'Invisible ou le Merveilleux naturel**
et la Science moderne, par le P. HILAIRE DE BARENTON,
O. M. C... 1 vol.
219-220 **Les Catacombes de Rome**, *Histoire et description*, d'après
les documents les plus récents, par André BAUDRILLART, Agrégé de
l'Université. *Ouvrage orné de 27 gravures.* 2 vol. Prix : 1 fr. 20
221 **Les Missions protestantes à la fin du XIXᵉ siècle**, par
l'abbé PISANI, docteur ès lettres .... 1 vol.
222 **Un Miracle contemporain** (*Pierre de Rudder*), par Alfred DES-
CHAMPS, S. J., Docteur en médecine et en sciences naturelles. 1 vol.
223 **La Pénitence publique dans l'Eglise primitive**, par M. l'abbé
VACANDARD .... 1 vol.
224 *Du même auteur :* **La Confession sacramentelle dans la**
primitive Eglise...................................... 1 vol.
225 **Jeanne d'Arc a-t-elle abjuré au cimetière de Saint-Ouen ?**
— *La vérité sur le Drame du 24 Mai 1431, d'après les conclusions*
présentées à Paris au Congrès des Sociétés Savantes, le 1ᵉʳ Avril
1902, par M. l'abbé Ph.-H. DUNAND...................... 1 vol.
226 **Philosophie de la prière**, par I.-L. GONDAL ...... 1 vol.
227 *Les grands Ordres religieux :* **La Compagnie de Jésus**, par
A. BROU... 1 vol.
228 *Les grands Ordres religieux :* **Les Bénédictins**, par DOM
BESSE, O. S.B... 1 vol.
229 *Les grands Ordres religieux :* **Les Franciscains en France**,
par le R. P. HILAIRE DE BARENTON, *O. M. C*............ 1 vol.
230 **Le Drame religieux au moyen âge**, par Marius SE-
PET.. 1 vol.
231 **La Mortification chrétienne et la Vie.** *Etude apologétique*,
par A. CHABOT, vicaire général de Luçon................. 1 vol.
232 **Les Elus dans l'Eglise et hors de l'Eglise**, par M. l'abbé
LAXENAIRE.. 1 vol.
233 *Questions de droit civil et ecclésiastique :* **Mariage civil et**
Divorce. — **Deux éléments de ruine sociale**, par René LEMAIRE,
docteur en droit, lauréat de la Faculté de droit de Paris. 1 vol.
234 **L'Art chrétien en France.** (Sculpture, Peinture, Mobilier
d'église, etc.) *Des origines au XVIᵉ siècle*, par M. A. GERMAIN 1 vol.
235 **Si toutes les Religions se valent ?** par J. BRUGERETTE   1 vol.
236 *Les Grands Philosophes.* **E. Kant**, par E. BEURLIER, professeur
agrégé de philosophie .... 1 vol.
237 **La Franc-Maçonnerie, secte Juive née du Talmud.** *Ses*
origines, ses progrès, son rôle politique, sa haine de l'Eglise, par
I. BERTRAND... 1 vol.

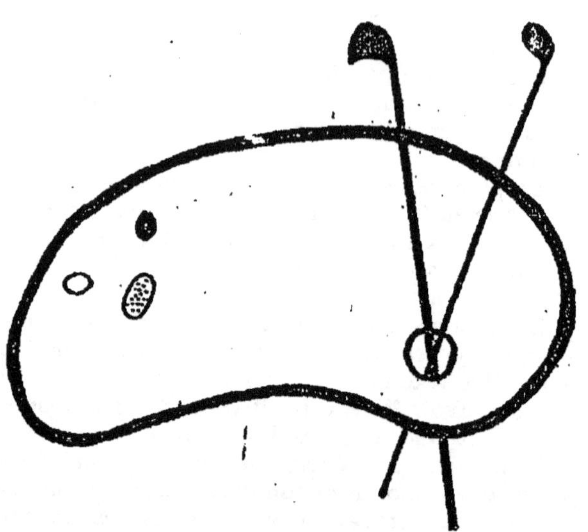

FIN D'UNE SERIE DE DOCUMENTS
EN COULEUR

SCIENCE ET RELIGION
Études pour le temps présent

Pourquoi les Dogmes ne meurent pas

PAR

GASTON SORTAIS

Ancien Professeur de Philosophie à l'École Saint-Ignace, Paris.

PARIS

LIBRAIRIE BLOUD ET Cⁱᵉ

4, RUE MADAME ET RUE DE RENNES, 59

1905

Tous droits réservés.

I

JOUFFROY ET M. SÉAILLES

En 1823, un jeune philosophe, qui devait illustrer l'antique Sorbonne, publiait dans *le Globe* un article de combat sous ce titre qui fit tapage : *Comment les dogmes finissent* (1). Quand on le relit aujourd'hui, à tête reposée, on est de prime abord stupéfait que cette œuvre agressive, tissue d'affirmations vagues et incolores, ait pu retenir quelque temps l'attention publique. A vrai dire, la valeur tactique de l'agression est tout entière condensée dans la formule provocante qui lui sert de titre. Si pourtant, malgré la pauvreté du fond, l'article eut un succès de scandale, c'est qu'il fut lancé, d'une main opportune, dans un milieu admirablement approprié. Au point de vue religieux, les ruines matérielles accumulées par la Révolution étaient à peu près réparées ; mais les plaies intellectuelles et morales étaient à vif en beaucoup d'âmes endolories. Le rire de Voltaire était encore meurtrier ; des hommes, braves sur tout autre champ de bataille, devenaient poltrons dès que la lutte s'engageait sur le terrain dogmatique ; un sarcasme les faisait trembler. C'était le temps où les plus héroïques

(1) Th. Jouffroy, *Mélanges philosophiques*, p. 3 *sqq.* Édition 1838. Paris, Ladrange.

allaient cacher leur foi pratique derrière les piliers obscurs de quelque église peu fréquentée. Dans l'ordre politique, l'opposition antidynastique commençait à faire rage : l'assaut implacable qu'elle dirigeait contre la Restauration, atteignant par contre-coup l'autel adossé au trône, les enveloppait dans une commune impopularité. L'article de Jouffroy, éclatant comme une bombe dans cette mêlée ardente, en raviva la fureur. Aujourd'hui, il ferait long feu : le temps et l'opinion ont marché.

Quatre-vingts ans plus tard, en 1903, un autre professeur de Sorbonne, M. Gabriel Séailles, lance à son tour, dans *la Grande Revue*, un article virulent, dont le titre tapageur fait songer à la formule de Jouffroy : *Pourquoi les dogmes ne renaissent pas* (1). Le premier annonce la fin prochaine des dogmes chrétiens ; le second parle du dogmatisme comme d'un défunt dont le trépas est dûment constaté. Le premier ne voit pas décliner, pour bientôt disparaître, les vieilles croyances, sans un retour mélancolique vers le passé ; le second, au nom de la science, l'unique religion de l'avenir, chante déjà victoire et célèbre avec impertinence l'irrémédiable défaite des affirmations dogmatiques, d'où quelles viennent, de la révélation ou de la métaphysique. Le premier essaye de dire le *comment* de cette inévitable dissolution ; le second recherche le *pourquoi* de cette mort sans espoir de résurrection. Un chemin immense, on le voit, a été parcouru : ce n'est pas seulement la dogmatique révélée qui ne trouve plus grâce devant les

(1) L'œuvre a été reproduite dans un recueil d'articles colligés sous ce titre : *Les affirmations de la conscience moderne.*

rationalistes ; c'est la spéculation métaphysique elle-même, qui est bannie du temple philosophique *(templa serena !)* par certains intellectuels, voués au culte de l' « idole nouvelle », la Science.

L'article de Jouffroy, avec ses généralités imprécises, eut un grand retentissement et fixa un moment la curiosité publique. L'article de M. Séailles, malgré son *apparatus scientificus* et ses accusations déterminées, n'a obtenu qu'un succès d'estime dans le cercle restreint de ses admirateurs, et, en dehors, une attention distraite. Comment expliquer cette différence ? N'est-ce pas d'abord parce que les époques ne sont plus les mèmes ? Aujourd'hui, les hommes pratiquent leur religion à ciel ouvert, et les défenseurs du christianisme, mieux armés pour la riposte, n'en sont plus à s'émouvoir d'une incursion ennemie (1). C'est surtout parce que la cause est perdue d'avance. Bien que conduite par un avocat aussi éloquent et aussi retors que M. Séailles, l'attaque devait aboutir et a, de fait, abouti, nous allons le montrer, à un piteux et manifeste échec. En résumant la pensée du brillant philosophe, nous lui emprunterons le plus possible ses propres expressions pour risquer moins de la trahir.

(1) « ... Nous avons aujourd'hui le courage de nous dire catholiques, mais on ne l'a pas toujours eu... Il fut un temps où on rougissait d'être catholique ; où l'on craignait, en se déclarant tel, de s'exposer aux railleries des beaux esprits de sa petite ville, du pharmacien Homais ou de l'illustre Gaudissart. » (F. Brunetière, *Discours de combat*, 2ᵉ série, *le Progrès religieux*.)

II

LE PRÉTENDU CONFLIT

Le christianisme se donne comme « une théorie du monde » et comme « une doctrine morale ». L'auteur l'examine à ce double point de vue et s'efforce d'établir que les vieilles conceptions de la cosmologie et de la morale chrétiennes sont inconciliables avec les théories nouvelles de la science. Notre intention n'est pas de poursuivre M. Séailles sur tous les terrains où il déploie sa critique aventureuse ; elle passe en revue la plupart de nos dogmes et se plaît à les cribler froidement de ses traits acérés et souvent blasphématoires (1).

Pour redresser convenablement les erreurs dont fourmille l'œuvre du distingué professeur de Sorbonne, il faudrait tout un volume. Tâche ingrate et oiseuse ! Un chemin plus court et un procédé plus décisif s'offrent à nous. Chóisissons un fait « privilégié », comme dirait François Bacon cher à M. Séailles, ou, si vous aimez mieux, l'un des points essentiels de ce réquisitoire dressé contre le dogmatisme chrétien et spiritualiste. On pourra juger par cet exemple « représentatif » quelle créance méritent les « affirmations de la conscience

---

(1) Voir *Note justificative* I, p. 57, quelques spécimens des attaques blasphématoires que se permet M. Séailles.

moderne », indûment couvertes du pavillon de la science (1).

Laissons M. Séailles formuler lui-même son accusation capitale : « Les dogmes ne sont pas détruits par la critique négative, par les pamphlets, par les plaisanteries des impies ; ils sont supprimés par les vérités positives qui ne se concilient pas avec eux, qui ne pénètrent dans l'esprit qu'en les chassant. Ils ne répondent plus à la conception que nous avons de l'univers et de ses lois ; on ne les nie pas, on les ignore. » (*Opere citato*, p. 4-5.) Pour expliquer cette mentalité contemporaine, l'auteur rappelle que l'esprit a pour loi « l'accord de ses représentations en un système défini » (p. 6). C'est la condition de la vie intellectuelle, la règle et la mesure de ses progrès. Les idées, forces vivantes, tendent à se coor-

(1) Beaucoup d'objections, faites au nom de la science, n'ont d'autre fondement que l'infatuation de certains philosophes plus ou moins savants ou de certains savants plus ou moins philosophes, qui assimilent complaisamment des hypothèses caduques à des vérités scientifiquement démontrées. Ils devraient bien retenir la leçon que le président de l'Académie des sciences de Berlin, Virchow, eut le bon esprit de donner à ses collègues, pendant le congrès anthropologique d'Allemagne en 1882 : « L'expérience du passé nous a suffisamment prévenus que nous ne devions pas tirer des conséquences prématurées. Quand on parle ou qu'on écrit pour le public, on devrait, à mon sens, examiner deux fois combien, dans ce qu'on dit, entre de vérité réellement scientifique ; on devrait imprimer en petits caractères, en notes, tous les développements purement hypothétiques, et ne laisser dans le texte que ce qui est la vérité réelle. » Si cette leçon, qu'il est toujours opportun de rappeler, était enfin mise généralement en pratique, que d'équivoques plus ou moins conscientes seraient évitées ! Car la source principale, où s'approvisionnent les faiseurs d'objections contre le dogmatisme religieux et métaphysique, serait bientôt tarie.

donner dans une synthèse harmonieuse. Quand des conceptions nouvelles cherchent à pénétrer dans le système des conceptions antérieures, il y a heurt et conflit tant que l'un des courants intellectuels n'a pas réussi à s'assimiler l'autre ou à l'éliminer. Or, à s'en tenir aux affirmations de M. Séailles, la « conscience moderne » n'est pas parvenue à concilier les théories de la science avec les données des dogmes traditionnels. Ces dogmes indigestes, n'étant plus assimilables pour la pensée de nos contemporains, sont allés rejoindre les doctrines surannées dans « la nécropole des idées mortes ». On les laisse dormir en paix, comme des défunts autrefois illustres, pour lesquels on conserve un vague sentiment de respect, en souvenir des services provisoires qu'ils ont rendus aux générations précédentes, encore enveloppées dans les langes de l'enfance intellectuelle. « Bref, les dogmes répondent à une science et à une philosophie qui ont été supplantées par une science et par une philosophie nouvelles ; il n'y a pas de réaction, pas de persécution, pas de richesse, de discipline qui puisse rendre à l'Église son autorité sur les intelligences. Les dogmes ne peuvent pas plus renaître que la conception de l'univers et de la vie qui leur a donné naissance : c'est une loi de la pensée qu'on n'éludera pas » (p. 6-7).

Sans nous attarder plus longtemps à ces généralités un peu nuageuses où se complaît M. Séailles, demandons-lui d'en venir aux détails et de préciser les traits de son objection fondamentale. Quel est donc le système du monde, qui, maître absolu des esprits au moyen âge, les « domine encore » au temps de Galilée et de Descartes,

et « les prépare à recevoir les dogmes de l'Église »
(p. 9) ? Le voici, en bref : « Au centre de l'univers,
la terre se tient immobile. Tout se dispose, tout
s'ordonne par rapport à elle. Le soleil éclaire ses
jours, la lune et les étoiles éclairent ses nuits, et
les mouvements de ces corps sublimes, selon les
décrets de la sagesse divine, déterminent à sa
surface la combinaison des éléments, l'apparition
des vivants, le rythme de la génération et de la
mort. Cette place privilégiée de la terre marque
l'importance et la grandeur de l'homme dont elle
est le séjour » (p. 13) (1). Ce vénérable système
de Ptolémée est, paraît-il, « en parfait accord
avec l'idée d'un Dieu personnel, conçu à l'image
de l'homme » (p. 15). « Défini, limité, figuré,
accordé dans toutes ses parties, dans tous les
instants de sa durée, l'univers répond aux lois de
l'intelligence humaine ; Dieu est un homme grandi
dans toutes ses puissances » (p. 16). Mais
« depuis trois siècles, les progrès continus de la
science positive ont ruiné cette conception esthétique et morale de l'univers. L'univers n'est plus
le vaste temple où tout révèle la présence du Dieu
qui l'a créé, le concours de la Providence qui
conserve son œuvre en la recréant sans cesse ;
l'édifice grandiose, mais fini, dont le plan clair,
proportionné à l'intelligence humaine, ordonné
autour d'un centre unique, trahit l'architecte personnel qui en a embrassé les éléments multiples
dans l'unité d'une même pensée... Il n'y a plus

(1) M. Séailles s'amuse à décrire minutieusement le système
de Ptolémée, d'après l'ouvrage de Théophile Bouju, publié en
1614 sous ce titre : *Corps de toute la Philosophie.* (*Op. cit.*,
p. 8 *sqq.*)

un monde unique, dont toutes les parties dispo-
sées autour d'un centre, enfermées dans la forme
géométrique la plus parfaite, conspirent et révèlent l'unité de la pensée créatrice qui les a con-
çues toutes à la fois... » (p. 26-27.)

Voilà, en substance, l'objection. Dans les développements que M. Séailles y ajoute, comme
autant de contreforts, pour la corroborer, il faut
faire deux parts distinctes. La première com-
prend les attaques qui visent directement le
dogme chrétien ; la seconde contient les difficultés
soulevées contre les thèses traditionnelles de la
philosophie spiritualiste. Nous bornerons notre
examen aux objections tirées du dogmatisme
théologique.

III

L'HYPOTHÈSE GÉOCENTRIQUE ET LES DOCTEURS DE L'ÉGLISE

Nous pourrions, à la rigueur, nous contenter d'une remarque générale en opposant à M. Séailles la question préalable. Cet auteur, en effet, est tombé dans un sophisme (disons plutôt paralogisme, pour éviter l'ombre même de la suspicion) classé depuis longtemps par les Scolastiques sous la rubrique : Déplacement du point en litige (*Ignorantia elenchi*). En rappelant cette courtoise distinction, nous ne risquons pas de paraître pédantesque, comme le fut M. Lintilhac (1), toujours flanqué de « son Aristote », quand il s'avisa de faire, en plein Sénat, un petit cours de philosophie à la portée des pères conscrits de la troisième République, car nous avons affaire à un philosophe de profession. Or, dans son argumentation, l'éminent professeur de Sorbonne confond perpétuellement (c'est là que gît l' « ignorance du sujet ») deux choses absolument différentes : le dogme enseigné, reconnu, authentiqué par le magistère infaillible de l'Église, et les élucubra-

(1) M. Lintilhac se permit d'interrompre le discours de M. L. Legrand pour lui expliquer la différence que les logiciens établissent entre le sophisme et le paralogisme. Vieille habitude de pédagogue redressant un élève qui bronche ! (Cf. *Journal officiel*, 18 novembre 1903 [Sénat], p. 1365.)

tions plus ou moins heureuses qu'a pu enfanter le génie inventif des philosophes et des théologiens catholiques. L'une est un symbole de foi, défini par l'Église enseignante, qui est constituée par le pape et les évêques : ce symbole s'impose à la croyance de quiconque veut être membre de ce grand corps social qui s'appelle l'Église. L'autre est un ensemble d'explications plus ou moins probables, dues à la sagacité plus ou moins pénétrante de certains savants qui font partie de l'Église enseignée : cet ensemble est livré à la libre discussion des fidèles. La confusion, on le voit, est assez grosse. Elle ressemble à celle d'un physicien novice, préparant son examen du baccalauréat, qui mettrait bravement sur le même rang et les résultats acquis de la science et les hypothèses plus ou moins provisoires, lesquelles après un succès passager finissent par être supplantées. M. Séailles s'est donné un double tort : il a été tout d'abord, par « précipitation » ou par « prévention », comme lui dirait Descartes, l'imprudente victime d'une illusion d'optique, prenant pour vérités définies de simples constructions imaginatives. Puis, raillant impitoyablement certaines explications physico-théologiques, depuis longtemps démodées, il a oublié que le chemin des conquêtes scientifiques est jonché des cadavres innombrables des hypothèses erronées *(cadavera rerum)*, comme si l'histoire ne lui avait pas appris que ces « idées mortes » ont contribué à l'éclosion des idées vivantes et durables : « Les théories légitimes, dit le P. Boscowich, approuvé par tous les historiens des sciences, sont généralement le résultat d'essais infructueux et d'erreurs qui ont mis sur la voie de leur propre correction. »

En bornant notre réplique à cette fin de non-recevoir, si bien motivée soit-elle, n'aurions-nous pas l'air de chercher un prétexte honorable pour nous dérober à la lutte et fuir un corps à corps redoutable ? Il nous faut donc aborder de front l'examen des difficultés, agitées comme un épouvantail par M. Séailles pour éloigner les esprits de la religion, au nom de la science. Cet épouvantail n'est effrayant que pour ceux qui n'osent le regarder de près. Ayons cette facile audace, et nous verrons manifestement que les objections, pour être lancées avec une imperturbable assurance, ne portent pas coup : elles ne vont pas *ad rem*. Comme s'il avait voulu simplifier la tâche de la riposte, M. Séailles les a groupées lui-même autour d'un point central : l'Église a enseigné la *géocentrie,* et cette erreur reste la clef de voûte de son système dogmatique. Cependant la science, après de laborieux efforts, a fini par arracher cette clef de voûte : entraîné dans sa chute, l'édifice théologique a croulé tout entier. Voilà « pourquoi les dogmes ne renaissent pas ». Leurs débris épars couvrent le sol : aucune main ne sera assez puissante pour les ajuster de nouveau et les cimenter solidement. Ce sont des ruines encore imposantes. Mais elles s'effriteront de plus en plus sous les coups répétés de l' « hypercritique » ; encore quelques efforts, et bientôt ce ne sera plus qu'un amas de poussière sans consistance et sans nom : *Etiam periere ruinæ.*

Telle est la prophétie des rationalistes de la trempe de M. Séailles. Au risque de les troubler dans leur quiétude, montrons que l'objection *géocentrique,* où ils mettent toute leur confiance, repose sur un fondement ruineux.

Ces rationalistes s'en vont répétant : les docteurs des premiers siècles et les docteurs du moyen âge ont été unanimes à enseigner que le soleil se mouvait autour de la terre immobile et que, conséquemment, la terre était le centre du monde (1).

On peut affirmer, sans crainte d'un démenti, que les Pères de l'Église et les grands Docteurs de la Scolastique, leurs dignes interprètes, n'ont jamais soutenu que le système de Ptolémée était seul conforme à l'enseignement de la sainte Écriture. « Ils ont pu, cependant, être tentés de le faire en bien des occasions. Plusieurs d'entre eux ont commenté les textes que des théologiens postérieurs, les protestants d'abord, ont fait valoir contre Copernic. D'ailleurs, ayant lu Platon, Aristote, Cicéron, ils ne pouvaient ignorer que de célèbres philosophes avaient attribué le mouvement à la terre et que d'autres avaient combattu ce système. C'est une preuve bien sensible de la prudence de nos docteurs qu'ils n'aient pas cédé à l'envie de trancher ce débat par l'Écriture sainte (2). »

Administrons-en la preuve pour le texte, le plus souvent objecté, celui où il est raconté que Josué arrêta le soleil (3). Ce texte ne souleva, dans l'antiquité chrétienne, aucune controverse : chacun voyait avec raison, dans cet événement extraordinaire, une intervention de la toute-puissance divine, et, sans s'inquiéter du mode d'intervention, s'inclinait devant le fait miraculeux. On

(1) Voir *Note justificative* II, p. 58.
(2) J. Brucker, *Etudes*, 1890, t. LI, p. 407, et *Questions actuelles d'Écriture sainte*, p. 206-207. Paris, 1895.
(3) Josué, x, 12-14.

a noté (1) que les anciens exégètes, qui s'étaient assigné la tàche d'élucider les endroits obscurs des Livres saints, n'ont point classé celui-ci dans cette catégorie. Saint Augustin ne le mentionne même pas dans ses *Questions* sur le livre de Josué (2). Quant aux commentateurs de ce passage, à savoir Origène (3), Théodoret de Cyr (4), Procope de Gaza (5), le vénérable Bède (6), ils en parlent incidemment et se bornent à constater le miracle. Mais aucun d'eux n'a songé à conclure de ce fait qu'il fallait croire, d'après le texte biblique, à la réalité du mouvement du soleil autour de la terre immobile au centre du monde (7).

Sans doute, la plupart des Pères devaient admettre, comme savants, l'opinion régnante en

(1) F. Vigouroux, *Les livres saints et la critique rationaliste*, t. IV, p. 459. Paris, 1902.

(2) Saint Augustin, *Locutiones in Heptateuchum*, liv. VI. (Migne, *P. L...* t. XXXIV, col. 537-542.) — Cf. *Quæstiones in Heptateuchum*, liv. VI. (Migne, *P. L.*, col. 775-792)

(3) Origène, *Eclecta in Jesum Nave ; Homiliæ in Librum Jesu Nave.* (Migne, *P. G.*, col. 819 *sqq.*, 825 *sqq.*)

(4) Théodore de Cyr, *Quæstiones in Josuam*, 14. (Migne, *P. G.*, t. LXXX, col. 476.)

(5) Procope de Gaza, *Commentarium in Josue.* (Migne, *P. G.*, LXXXVII, col. 1020.)

(6) V. Bède ou l'auteur des *Quæstiones super Jesu Navi Librum* (mises au nom de Bède). Migne, *P. L.*, t. XCIII, cap. xii, col. 421.

(7) Les psaumes xcii, xcv, ciii, où il est également question du mouvement solaire et de la stabilité terrestre, « ont été commentés par Origène, Eusèbe de Césarée, saint Athanase, saint Augustin, Théodoret, Euthymius. Pas un seul de ces grands interprètes n'y a relevé l'affirmation inspirée de l'immobilité absolue de la terre ». (J. Brucker, *loco cit.*) — On trouvera les textes de ces docteurs (Migne, *Patrologie grecque* et *Patrologie latine)*, dans leurs *Commentaires* sur les psaumes indiqués.

matière astronomique, au moment où ils écrivaient leurs *Commentaires* sur la Bible. Supposons qu'ils aient été unanimes à exprimer leurs préférences scientifiques. Qu'importe à la question présente ? Supposons même que tel ou tel, parlant non plus en savant profane mais en docteur de l'Église, ait enseigné aux fidèles qu'ils étaient obligés, sur la parole des Livres saints, d'accepter comme un dogme l'affirmation de l'immobilité de la terre. Qu'importe encore ? Ni dans un cas, ni dans l'autre, les catholiques ne seraient liés par cet enseignement. En voici la raison. Pour que le témoignage des Pères et des Docteurs s'impose à l'adhésion de l'Église, il doit être revêtu de certaines conditions qu'on peut ramener aux trois suivantes (1) :

1°) Ce témoignage doit porter sur un texte *doctrinal*, c'est-à-dire ayant trait à une question dogmatique ou morale et aux faits qui en sont inséparables. C'est l'enseignement formel des conciles de Trente et du Vatican : *In rebus fidei et morum ad ædificationem doctrinæ christianæ pertinentium ;*

2°) Il faut que les Pères donnent leur interprétation comme étant celle de l'Église. Alors ils s'expriment comme docteurs *catholiques*, c'est-à-dire en témoins autorisés et impersonnels de la tradition ;

3°) Ce témoignage doit être moralement unanime. C'est ce que l'on nomme le *Consensus Patrum*.

Alors, mais alors seulement, l'interprétation

(1) Cardinal Franzelin, *De Traditione*, sectio II.

des Pères fait loi : dans ces conditions, ils sont les fidèles échos de l'enseignement authentique de l'Église universelle, enseignement qui ne saurait être erroné quand il représente la foi de l'ensemble des chrétiens, parce que Jésus-Christ a promis à son Église de l'assister jusqu'à la fin des siècles, et l'a conséquemment dotée du privilège de l'infaillibilité. Lorsque les Pères émettent, comme docteurs privés, une opinion théologique ou scientifique, leur autorité n'a de valeur que la valeur des raisons apportées, car, dans ce cas, ils parlent en leur nom personnel. Or nous avons vu que, dans la question de la *géocentrie,* les Pères, qui l'ont abordée, n'ont aucunement prétendu imposer, au nom de la révélation, le système de l'immobilité de la terre au centre du monde.

Et que M. Séailles ne s'avise pas de répondre : ce principe de solution a été imaginé pour sauver l'apologétique contemporaine aux abois ! La meilleure preuve qu'il n'en est rien, c'est que nous le trouvons déjà indiqué par saint Thomas d'Aquin, dans un article de son *Commentaire* sur le *Livre des Sentences* de Pierre Lombard, où il traite de la « nature du firmament » (1). Le passage est d'autant plus topique qu'il porte sur l'un des points du système de Ptolémée expressément signalés par M. Séailles (p. 9, 10, 27). Après avoir rappelé les opinions contradictoires des anciens philosophes, le Docteur angélique poursuit en ces termes : « Pareillement, les interprètes de la sainte Écriture se sont partagés sur ce point,

---

(1) Saint Thomas, In II *Sententiarum,* dist. xiv, quæst 1, art. 2.

selon la diversité des écoles philosophiques dont ils ont pris les leçons. En effet, Basile et Augustin et plusieurs autres saints suivent, dans les choses philosophiques qui n'appartiennent pas à la foi, les opinions de Platon : c'est pourquoi ils attribuent au ciel la nature des quatre éléments. Denys, au contraire, s'attache presque partout aux pas d'Aristote, comme il ressort de l'examen attentif de ses ouvrages ; conséquemment il différencie les corps célestes des autres corps. » En disciple fidèle d'Aristote, saint Thomas se range à cette seconde opinion. Mais il a prévu l'objection qu'on peut tirer contre lui du sentiment opposé de saint Basile, de saint Augustin et d'autres docteurs. Voici comment il la résout : « Ils ont enseigné cela, non par manière d'affirmation doctrinale (*non quasi asserentes*), mais en utilisant ce qu'ils avaient appris en philosophie. Leur autorité n'est donc pas plus grande que celle des philosophes dont ils suivent les dires *(unde non sunt majoris auctoritatis quam dicta philosophorum quos sequuntur)*, à cela près qu'ils sont à l'abri de de tout soupçon d'infidélité. »

Dans ces textes, l'ange de l'École distingue nettement un double enseignement des Pères et en signale l'inégale autorité. L'un est donné par eux comme docteurs publics de l'Église ; seul il est susceptible de constituer une règle de foi obligatoire. L'autre leur est imputable à titre de doctrine privée ; il a tout juste la valeur des arguments sur lesquels il s'appuie.

Nous avons le droit de conclure de ce qui précède que les Pères et les Docteurs de l'Église n'ont aucunement compromis, dans une aventure scientifique, l'autorité de leur enseignement unanime, car ils n'ont jamais soutenu, comme obligatoire au nom de la Révélation, le système astronomique de Ptolémée. Cette réserve, en dépit des tentations qui les sollicitaient en sens contraire, n'est-elle pas significative (1) ?

Ainsi donc, l'Église enseignante n'a jamais songé à faire dépendre ses enseignements dogmatiques sur la cosmologie, des conceptions plus ou moins hasardeuses de l'astronomie antique ; elle ne les rattache pas davantage aux théories plus ou moins certaines de l'astronomie moderne, comme nous l'établirons plus bas. A côté des éléments dogmatiques qui appartiennent à la foi et restent immuables quant au fond, tout en étant susceptibles de recevoir du magistère infaillible une expression plus explicite et plus lumineuse, laquelle constitue comme un épanouissement de la doctrine primitive, il y a place (et c'est l'oubli le plus grave de M. Séailles) pour une végétation plus ou moins luxuriante d'explications théologiques. Il s'élabore, en effet, à chaque époque, des études complémentaires où, dans un but légitime d'adaptation aux besoins du temps, les théologiens et les apologistes font entrer les éléments plus ou moins probables de la science contemporaine. Il arrive donc à l'apologétique chrétienne d'employer, dans ses constructions défensives, des matériaux de mauvais aloi, comme il arrive à la science profane de bâtir des synthèses hâtives avec des hypo-

____

(1) On objectera sans doute que les exégètes du seizième siècle et les congrégations romaines du Saint-Office et de l'Index sont loin d'avoir imité cette sage réserve dans l'affaire de Galilée. — Nous avons répondu ailleurs à cette objection. Cf. la revue *les Études*, 1904.

thèses sans consistance. C'est la condition inévitable du travail et comme la rançon du progrès sur tous les chemins du savoir. Ce louable effort de conciliation a pour conséquence naturelle d'amalgamer, avec les définitions arrêtées de l'Église et son enseignement commun, certains préjugés en vogue et certaines théories scientifiques qui obtiennent quelque temps une attention de faveur : il en résulte, non dans la doctrine officielle et obligatoire de l'Église, mais dans la croyance des particuliers et dans leurs ouvrages, un alliage où l'erreur se mêle à la vérité. Tant que cet amalgame ne va pas à compromettre gravement la pureté du dogme, le magistère autorisé n'intervient pas, laissant au temps le soin de calmer les passions et de dégager les scories, parce qu'une certaine liberté d'allure est nécessaire au développement et à l'épuration des idées (1). Les explications plus ou moins plausibles, que les théologiens peuvent dégager des théories scientifiques, donnent une satisfaction passagère aux esprits avides de synthèse. Elles ont donc une réelle utilité : à mon sens, c'est moins une arme défensive qu'un ornement à la mode dont les apologistes aiment à parer leur discussion. Ils en ont parfois abusé et n'ont, ordinairement, abouti, par ce chemin de traverse, qu'à une mise au point relative et à une solution provisoire. Quels efforts ingénieux n'ont pas faits, par exemple, les tenants du *concordisme* pour concilier, jusque dans le détail, la première page de la *Genèse* avec les données scientifiques du temps présent ? Aucun

(1) A. Matignon, *La liberté de l'esprit humain dans la foi catholique.* Paris, 1864.

système n'est pleinement satisfaisant. Si l'on s'en tient uniquement aux grandes lignes, la concordance est frappante (1). Pourquoi chercher davantage, puisqu'il est certain que la cosmogonie mosaïque n'est pas une leçon de géologie ?

Le vrai chemin ne serait-il pas de prendre, comme base d'opération, cette proposition évidente ? Pour qu'il y ait rencontre et heurt entre plusieurs sciences, il faut qu'elles se développent sur le même terrain et qu'elles aient des points de contact immédiat. Or les sciences physiques et naturelles ont pour objet d'établir des lois, c'est-à-dire les rapports constants qui relient les phénomènes entre eux, tandis que la métaphysique s'occupe de la nature des choses, et la théologie de l'ordre surnaturel. Il ne peut y avoir conflit entre ce qu'on nomme pompeusement la science d'une part, et de l'autre la métaphysique ou la théologie (2). Quand un savant, qu'il soit astronome ou physicien, chimiste ou physiologiste, émet une opinion sur l'essence des choses, sur les questions d'origine et de destinée, on ne

----

(1) Voir *Note justificative* III, p. 60.

(2) Pasteur, par exemple, a pu dire sans rencontrer d'opposition : « La science expérimentale est essentiellement positiviste, en ce sens que, dans ses conceptions, elle ne fait jamais intervenir la considération de l'essence des choses, de l'origine du monde et de ses destinées. » — Après l'opinion d'un savant catholique, voici celle d'un savant libre penseur : « La science positive, dit M. Berthelot, ne poursuit ni les causes premières ni la fin des choses ; mais elle procède en établissant des faits et en les rattachant les uns aux autres par des relations immédiates... C'est la chaîne de ces relations, chaque jour étendue plus loin par les efforts de l'intelligence humaine, qui constitue la science positive. » (*La Science idéale et la Science positive*, Lettre à M. E. Renan.)

saurait l'en blâmer ; mais alors il ne parle plus, en tant que savant ; il s'élève au rôle de métaphysicien ou de théologien. Ce départ une fois fait (et les savants sont les premiers à en reconnaître la légitimité, il devient manifeste qu'aucun conflit réel n'est possible : tout se borne à des contradictions apparentes. La tâche de l'apologiste est simplifiée : elle se réduit à montrer que le point, qu'on oppose au dogme chrétien ou à la métaphysique spiritualiste, n'est pas un point acquis à la science, mais bien une hypothèse discutable ou une élucubration philosophique de tel savant qui est sorti de sa spécialité pour tenter, à ses risques et périls, une excursion sur un domaine étranger à la science. Ce triage opéré, l'apparence même d'un conflit se dissipe et les nuages s'évanouissent avec les confusions antiscientifiques qui les avaient amoncelés. La paix n'est pas signée pour cela ; mais la lutte est nettement circonscrite : la métaphysique et la théologie sont le champ clos où les adversaires peuvent loyalement se battre, sans crainte d'égarer leurs coups.

IV

L'HYPOTHÈSE GÉOCENTRIQUE
ET L'IDÉE DE DIEU

M. Séailles lui-même a clairement pressenti le danger que ces positions franches font courir à sa thèse. Pour le conjurer, il a cherché à parer ce coup droit, de deux façons : en essayant d'abord de répondre à l'objection qu'on lui adresse ; puis en transportant la lutte sur son véritable terrain, la théologie et la métaphysique. Mais cette parade ne semble pas lui avoir réussi ; qu'on en juge.

Voici d'abord la difficulté. M. Séailles l'a exposée sans l'affaiblir :

On objecte que la science, enfermée dans l'étude des phénomènes naturels, ne supprime pas plus la religion que la métaphysique. Ses méthodes lui interdisent les problèmes d'origine, de fin dernière, qui ne cessent pas de se poser parce qu'elle est impuissante à les résoudre : pour qu'il y ait conflit, il faut qu'il y ait rencontre ; la religion est à un autre plan que la science (p. 38).

M. Séailles ne pouvait décemment opposer à cette objection une simple fin de non-recevoir, car il aurait trop violemment heurté l'opinion unanime des savants, quelle que soit leur école philosophique ou leur *Credo* religieux, qu'ils s'appellent Comte ou Littré, Berthelot ou Pasteur. Il l'accepte donc d'un seul mot dédaigneux : «Soit» ; c'est entrebâiller la porte à un visiteur importun. Mais, de suite, ne pouvant faire face à la difficulté,

il se détourne prestement et s'évertue à l'esquiver
en accumulant les équivoques et les plaisanteries
d'un goût plutôt douteux. Cette page vaut d'être
citée tout entière ; ce sera une première réfuta-
tion, encore qu'indirecte :

Soit ; mais la science, de mieux en mieux, définit
le problème du réel, tout à la fois en précise et en com-
plique les données, change enfin l'objet dont la religion prétend révéler l'origine et la fin. D'abord l'univers tellement s'amplifie, recule ses limites dans
l'espace et dans le temps, qu'un petit Dieu-tatillon ne
répond plus à sa grandeur et à sa diversité : il faut que
la pensée créatrice et providentielle soit conçue à la
mesure de son objet. En face des mondes multipliés,
des millions de soleils, des milliards de planètes, le
terrible Jéhovah, si fier de Béhémoth (l'Hippopotame,
Livre de Job) (1), qui sait le séjour de la lumière et le
lieu des ténèbres, qui, « mauvais géomètre et mauvais
astronome », arrête le soleil, ce Jéhovah dont l'attention se concentre sur une petite peuplade de la planète
Terre, qui, à la façon des dieux d'Homère, se mêle aux
combats des hommes, veut des meurtres et du sang,
et passionnément s'intéresse à la mort d'Agag roi des
Amalécites, qui, plus tard, envoie son fils en un lieu
de l'espace, sous une forme humaine, témoigner qu'il
a pris des mœurs plus douces, et subordonne à cet
événement l'immensité des mondes, ce Jéhovah joue
un singulier personnage. La science ne le nie pas ;
elle ne s'en occupe point, elle l'ignore ; mais peu à peu

(1) Décidément rien, pas même la sublime poésie du livre de
Job, n'est capable d'émouvoir l'impitoyable « intellectuel »
qu'est M. Séailles. La rencontre de Béhémoth n'a pas refroidi
l'enthousiasme de lord Byron : « Le prologue du *Faust* de Gœthe
est de Job, qui est le premier drame du monde.... J'ai eu l'idée
de composer un Job, mais je l'ai trouvé trop sublime ; il n'y a
point de poésie qu'on puisse comparer au livre de Job. »
(Cf. Th. Medwin. *Journal of the conversations of lord Byron
in 1821 and 1822*, t. I, p. 173, Paris, 1824.)

elle crée, en les découvrant, un monde où ce petit Dieu n'a plus sa place ni son rôle. On ne change pas l'idée de l'univers sans changer, qu'on le veuille ou non, l'idée de Dieu (p. 38-39).

Voilà ! Où donc M. Séailles a-t-il trouvé la description blasphématoire de ce « petit Dieu » ? Dans son imagination déformante qui ressemble aux verres rapetissants les objets d'une façon ridicule. Il a pris à la lettre certaines expressions métaphoriques, certaines formules anthropomorphistes, qui furent employées çà et là, dans l'Ancien Testament, pour mettre à la portée d'un peuple grossier et charnel la notion sublime de Dieu. Mais, dans l'Ancien Testament même, à côté de ces formules choquantes pour un intellectuel du vingtième siècle, on rencontre des concepts plus épurés de la divinité. M. Séailles n'a-t-il donc jamais lu, par exemple, le magnifique prologue de la *Genèse* où le Dieu de Moïse, créant d'une parole le ciel et la terre, n'a rien de commun avec la caricature que nous a crayonnée le délicat philosophe ? En tout cas, le Dieu du dogme chrétien, comme aussi de la philosophie spiritualiste, est un Être infiniment parfait, c'est-à-dire transcendant à l'univers qui est son œuvre, tout-puissant, immense, éternel. Mais, cette notion de la divinité, elle apparaît dans le Symbole des Apôtres, dans le Symbole de Nicée, dans les écrits des Pères, dans les traités des Docteurs du moyen âge, c'est-à-dire à une époque où régnait sans conteste sur les intelligences le système de Ptolémée. Il est donc évident que ce système étroit et faux n'a pas inspiré, comme le veut M. Séailles, la formation du concept de Dieu.

Bien plus, quand les découvertes astronomiques

du seizième siècle eurent changé « l'idée de l'univers », quoi qu'en dise, sans ombre de raison, M. Séailles, « l'idée de Dieu » n'a pas changé intrinsèquement. La preuve en est dans ce fait indéniable que tous les grands astronomes et physiciens (1) qui se sont succédé dans les trois derniers siècles, depuis Copernic et Galilée jusqu'à Le Verrier et Faye, ont conservé intacte la notion de Dieu décrite plus haut. Avant comme après (2) Copernic, la compréhension de l'idée de Dieu, dans la philosophie chrétienne et spiritualiste, n'a pas été enrichie d'une seule note : elle renferme toujours l'asséité, l'infinité, l'unité, la simplicité, l'immutabilité, l'éternité, l'immensité, l'omniscience, l'omnipotence, l'amour parfait, etc. Ce qui a pu changer et ce qui changera encore, ce n'est pas le fond du concept, mais le mode de représentation. L'idée pure demeure identique, tandis que l'image (ou, comme disaient les Scolastiques traduisant littéralement Aristote, le *phantasme*) qui l'accompagne, est variable. Dans cette alliance du concept et de l'image, des inexactitudes peuvent se glisser ; en tout cas, l'image n'est jamais

______

(1) On trouvera la longue liste de leurs témoignages dans l'ouvrage remarquable d'Ernest Naville, *la Physique moderne*, 3ᵉ étude, p. 133 *sqq.* 2ᵉ édition. Paris, Alcan, 1890.

(2) On peut comparer, par exemple, saint Thomas d'Aquin (*Summa theologica*, 1ᵉ part., quæst. 111 *sqq.*) qui est *antérieur* à Copernic (1473-1543), avec F. Suarez (1548-1617 ; cf. Prima pars *Summæ Theologiæ de Deo uno et trino*, Olisipone 1606) et L. Lessius (1554-1623 ; cf. *De perfectionibus moribusque divinis*, libri XIV, Parisiis, 1620), qui sont *postérieurs* à Copernic et contemporains de la première condamnation de Galilée (1616). Leurs ouvrages, d'ailleurs réimprimés dans la suite, n'ont eu à subir et n'ont subi aucune modification. Parmi les théologiens contemporains de Galilée ou postérieurs, on n'a que l'embarras du choix.

qu'approximative ; mais l'essence même de la représentation n'est pas altérée. C'est ainsi, par exemple, que le concept de cercle reste le même, quelle que soit sa surface, très petite ou très vaste, et quoique l'image qui sert à le figurer soit loin d'une rigoureuse exactitude. Appliquons cela à l'un des attributs divins, à la notion de puissance infinie, si l'on veut. Cette notion implique une activité affranchie de toute dépendance, ne connaissant ni obstacle ni limite. Or elle est invariable dans ses éléments conceptuels, qu'on imagine l'activité divine se déployant soit dans l'espace restreint du monde tracé par Ptolémée, soit dans l'étendue immense de l'univers tel que le révèle le télescope à nos regards émerveillés. Les progrès de la science astronomique n'ont pas modifié la nature de notre concept d'un « Dieu omnipotent, créateur du ciel et de la terre » ; mais ils nous aident grandement à nous représenter d'une manière moins imparfaite la magnificence des perfections divines. Ils sont, par rapport aux traités de théologie et de métaphysique, ce que les illustrations sont aux livres de science. Les merveilles découvertes par le microscope n'ont pas eu moins d'empire sur notre intellection. C'est que la puissance créatrice éclate aussi bien (1) dans les infiniment petits que dans les infiniment grands, comme l'essence du cercle est aussi bien réalisée dans une figure minuscule que dans une figure gigantesque. Aussi les futures découvertes de la science ne peuvent-elles avoir pour résultat que d'accroître notre admiration pour le Créateur et l'Organisateur de

____

(1) La belle parole de saint Augustin revient spontanément à la mémoire : *Nec major in illis, nec minor in istis.*

l'univers, en « illustrant » de plus en plus le concept que nous en donnent la révélation sur-naturelle et la philosophie spiritualiste, sans en changer la substance et le fond.

Puisque M. Séailles a surtout fait appel aux astronomes, nous ne saurions mieux conclure cette première partie qu'en empruntant une page à M. Faye (1), mort il y a quelques années à peine. Cette page ne saurait être suspecte à notre contradic-teur, puisqu'elle est tirée d'un ouvrage que lui-même s'est plu à invoquer. Le savant astronome, mem-bre de l'Institut, se pose cette question au début de son livre : Devons-nous craindre « de voir som-brer, sous l'échafaudage hardi de nos tentatives cosmogoniques, la vieille démonstration de l'exis-tence de Dieu tirée des merveilles du ciel : *Cœli enarrant gloriam Dei* » ? Voici comment il dissipe cette crainte qui n'a rien de scientifique :

Les cieux, en effet, n'existent pas : c'est une concep-tion depuis longtemps ruinée de l'astronomie grecque. Le ciel lui-même, le firmament, n'existe pas ; c'est un effet d'optique aérienne (2). Les astres, le beau soleil, les étoiles brillantes ne sont que de la matière con-densée et devenue incandescente comme le fer qu'on frapperait à coups redoublés. L'ordre admirable de la création ne se trouve guère dans l'univers qu'on va

(1) H. Faye, *Sur l'origine du monde. Théories cosmogo-niques des anciens et des modernes.* Introduction : *la Science et l'Idée de Dieu*, p. 1-4. 2ᵉ édition, Paris, Gautier-Villars, 1885.

(2) Coïncidence piquante ! M. Séailles semble avoir emprunté cette objection à M. Faye lui-même, car les textes sont presque identiques : « La voûte, qui paraît reposer sur la terre et les eaux, est une illusion, *un effet d'optique aérienne* ; elle n'existe pas. » (Séailles, *op. cit.*, p. 27.) Que ne lui a-t-il aussi em-prunté la réponse ?

vous présenter, ou du moins il n'est pas saisissable dans cette immensité où se perd la pensée humaine, et celui qu'on remarque dans notre petit monde solaire résulte simplement des lois ordinaires de la mécanique et des conditions où s'est trouvé, à l'origine, le chaos d'où il est sorti.

Cependant l'argument subsiste : il subsistera tant qu'il y aura un homme pour contempler le ciel ; *mais il ne tient pas à l'idée plus ou moins exacte qu'on se fait de cet univers. Nous allons parcourir tous les systèmes cosmogoniques : vous verrez qu'aucun d'eux n'ajoute ni n'enlève un iota à la force de l'argument...*

Nous contemplons, nous connaissons, au moins dans sa forme immédiatement saisissable, ce monde, qui, lui, ne connaît rien. Ainsi, il y a autre chose que ces astres splendides : il y a l'intelligence et la pensée. Et comme notre intelligence ne s'est pas faite elle-même, il doit exister dans le monde une intelligence supérieure d'où la nôtre dérive. Dès lors, plus l'idée qu'on se fera de cette intelligence suprême sera grande, plus elle approchera de la vérité. Nous ne risquons pas de nous tromper en la considérant comme l'auteur de toutes choses, en reportant à elle ces splendeurs des cieux qui ont éveillé notre pensée, en croyant que nous ne lui sommes ni étrangers ni indifférents, et finalement nous voilà *tout préparés à comprendre et à accepter la formule traditionnelle :* « Dieu, Père tout-puissant, Créateur du ciel et de la terre. »

Quant à nier Dieu, c'est comme si de ces hauteurs on se laissait choir lourdement sur le sol. Ces astres, ces merveilles de la nature seraient l'effet du hasard ! Notre intelligence, de la matière qui se serait mise d'elle-même à penser ! L'homme redeviendrait un animal comme les autres ; comme eux, il jouirait tant bien que mal de cette vie sans but, et finirait comme eux après avoir rempli ses fonctions de nutrition et de reproduction !

Il est faux que *la science* ait jamais abouti *d'elle-même* à cette négation.

V

L'HYPOTHÈSE GÉOCENTRIQUE ET L'INCARNATION

Passons aux objections que M. Séailles a cru pouvoir tirer de la théologie :

Elle (la terre) est déchue de sa place privilégiée, elle n'est plus au centre du monde ; ce n'est plus par rapport à elle que s'accomplissent tous les mouvements des corps célestes, dont le rythme se répercuterait dans les mouvements qui produisent à sa surface les qualités des choses : la chaleur, la lumière, la vie et la beauté ; elle est un. point dans l'espace, « un astre subalterne, circulant à son rang entre Vénus et Mars ». Nous ne pouvons plus imaginer l'homme sur sa planète, que rien ne signale entre tant d'autres qui peuvent prétendre aux mêmes destinées, comme le principe et comme la fin des choses. Il devient plus que douteux que tout ait été fait et fabriqué à son usage. La rédemption de l'homme par le Fils de Dieu se conciliait sans effort avec la cosmologie du moyen âge ; elle entrait logiquement dans le plan divin que l'ordonnance des choses semblait révéler ; mais voilà que des millions de soleils, des milliards de planètes, de terres, élèvent d'égales prétentions à la sollicitude divine ; combien de fois s'est renouvelé le miracle de l'Incarnation ? En combien de mondes ce Dieu errant n'a-t-il pas dû et ne doit-il pas encore s'exiler ? A quelle date (1) sur cette terre vieille de plus de vingt millions

(1) Quand M. Séailles nous aura indiqué la date précise de l'apparition de l'homme sur la terre, nous pourrons lui dire à quelle époque remonte l'origine du péché. Sur *l'antiquité de l'espèce humaine*, cf. J. Guibert, *les. Origines*, chap. vi, p. 257 *sqq*. 3ᵉ édition. Paris, Letouzey, 1903.

d'années peut être rejetée l'origine du péché ?
(P. 28-29.)

Trois accusations principales semblent ressortir
de cette partie du réquisitoire de M. Séailles. La
première est relative à la déchéance de la terre ;
la seconde se rapporte à la finalité du monde ; la
troisième, enfin, a trait à l'Incarnation.

Et, d'abord, que la terre, par suite des découvertes scientifiques modernes, soit détrônée de la
place d'honneur que lui attribuait le système de
Ptolémée et que lui reconnaissaient les docteurs du
moyen âge, peu nous importe, puisque cette opinion, comme nous l'avons prouvé plus haut, n'a
jamais fait partie intégrante du dogme chrétien.
Mais rien n'empêche les catholiques de penser et
de dire, en se plaçant au point de vue surnaturel
de l'économie du plan divin, que la terre, tout en
n'étant qu'un « astre subalterne » et comme un
atome tournoyant dans l'immensité, est le centre
du monde religieux. On n'est pas embarrasé
pour trouver des motifs qui justifient, aux yeux
de la raison théologique, le choix de notre globe
comme théâtre du grand drame de l'Incarnation.
Sa petitesse et son rôle effacé dans la mécanique
universelle cadrent admirablement avec le carac-
tère de l'Incarnation du Verbe qui est, selon le
mot de saint Paul, un mystère d'humiliation et
d'anéantissement (1). De la sorte, le décor est en
parfaite harmonie avec le drame représenté. Ce
sont là, d'ailleurs, des raisons de pure convenance,
comme on les appelle dans l'École, et qui sont
abandonnées aux libres spéculations des théolo-

______

(1) Saint Paul, *Ep. ad Philippenses*, ii, 6-7.

giens et à leur ingéniosité, pourvu qu'ils ne soient pas trop affirmatifs. Car qui donc, à moins que Dieu lui-même ne les ait révélées, peut se flatter de connaître les profondeurs insondables des intentions divines? Par de tels exemples, on touche ici du doigt l'élasticité de ces sortes d'explications, où les considérations de jouissance esthétique entrent pour une si large part. La suréminente dignité de notre humble planète, dans l'ordre de la Providence surnaturelle, est indépendante de la vérité ou de la fausseté des systèmes astronomiques. Qu'elle soit ou non le centre de l'univers, il reste que la terre a été honorée de la visite de Dieu revêtu de la forme humaine.

Les philosophes du moyen âge et les maîtres de la vie spirituelle, influencés sans doute (dans ce cas, il est juste de le concéder à M. Séailles, du moins partiellement) par leur croyance à la « géocentrie », aiment à saluer l'homme comme le roi de la création, et octroient comme liste civile à ce roi privilégié l'usage de l'ensemble des créatures, qui deviennent comme autant de moyens pour l'aider à atteindre sa fin dernière. C'est là une façon de parler : rien ne nous oblige à prendre strictement à la lettre ces expressions dont l'une, « roi », est métaphorique, et dont l'autre, « ensemble, » est universelle. Si elles comportaient des restrictions dans les temps mêmes où l'opinion de Ptolémée ralliait tous les suffrages, comment n'en comporteraient-elles pas depuis le triomphe du système copernicien? Ces locutions sont toujours recevables pourvu qu'on les entende dans un sens large.

Sans doute, à le considérer du côté physique, l'homme est bien misérable comparé à ces globes énormes qui se meuvent au-dessus de sa tête et sous ses pieds : c'est comme un grain de poussière en face d'une montagne. Mais, regardé du côté intellectuel et moral, l'homme se relève et dépasse, de toute la valeur d'une âme raisonnable, libre, immortelle, les colosses matériels qui promènent leur masse dans l'immensité. Est-ce que cet être chétif ne mesure pas l'étendue des cieux et ne détermine pas les lois qui président à la marche harmonieuse des astres géants ? Est-ce que sa raison pénétrante ne découvre pas, au-dessus de cet univers sensible, un monde suprasensible, éclairé non par la pâle lumière d'astres lointains, mais par les idées du vrai, du bien et du beau, splendides reflets de la divine essence ? Est-ce donc à M. Séailles qu'il faut rappeler la sublime réflexion de Pascal : « L'homme n'est qu'un roseau, le plus faible de la nature, mais c'est un roseau pensant. Il ne faut pas que l'univers s'arme pour l'écraser. Une vapeur, une goutte d'eau suffit pour le tuer. Mais quand l'univers l'écraserait, l'homme serait encore plus noble que celui qui le tue, parce qu'il sait qu'il meurt, et l'avantage que l'univers a sur lui, l'univers n'en sait rien » (1).

N'est-il pas étrange de prendre comme mesure, pour établir la hiérarchie des êtres, la grandeur physique ? M. Charles Richet, autre professeur à l'Université de Paris, avait frayé la voie aux « affirmations » de M. Séailles :

Il est évident, écrit-il, que l'homme est peu de chose sur la terre ; que la terre est un petit atome dans le monde solaire, et que le monde solaire est un imperceptible atome dans l'immensité de l'espace. Ce sont

______

(1) Pascal, *Pensées*, 1, 6. Édition Havet.

là vérités qu'on enseigne à l'école primaire et sur lesquelles il n'est pas besoin d'insister. De sorte que toute
théorie, qui à l'espace, à la matière et aux forces
matérielles : chaleur, attraction, lumière, électricité,
donne cette cause misérable, l'homme, mérite sans
doute d'être étouffée sous le *ridicule* de notre exi-
guïté (1).

Ridicule, une conception qui a été si admirablement développée par Pascal et qui semble,
aujourd'hui encore, très fondée aux plus fermes
esprits ! Ridicule ! c'est bien vite dit. Cela ne
paraît pas aussi évident à certains amis de M. Richet qu'à lui-même. Par exemple à M. Edmond
Goblot, professeur à l'Université de Caen. Il com-
mence par cette déclaration préalable, qui ne fait
que donner plus de poids à son dissentiment ;
« Avant tout, nous sommes d'accord pour écarter
toute conception finaliste de l'ensemble de l'univers et en particulier toute conception anthropocentrique. » Puis il continue :

Pascal avait déjà formulé cette antithèse de la petitesse et de la faiblesse de l'homme en présence de
l'immensité, en étendue et en puissance, de l'univers ;
mais il se refuse à mesurer la valeur, l'importance, la
dignité de l'homme à cette petitesse et à cette faiblesse.
L'homme pense : cela suffit pour le placer bien au-
dessus de tout l'univers matériel. M. Sully Prudhomme reprend cet argument : « Si invraisemblable
qu'il soit, à première vue, qu'une donnée inconsciente
et immense, comme le Cosmos à l'état de nébuleuse, bien
avant l'apparition de la vie, ait eu pour raison d'être
et pour fin l'existence future d'une quantité relative-
ment minime et, à cet égard négligeable, de substance

(1) Sully Prudhomme et Ch. Richet, *le Problème des causes
finales*, p. 2-3. Paris, 1902.

vivante, ce n'est pourtant pas, à tous points de vue,
inadmissible. » Les êtres vivants « représentent, en
somme, dans un ordre infiniment supérieur, dans l'ordre des faits de conscience, une valeur *sans commune
mesure* avec les autres, qui sont, en dernière analyse,
d'ordre purement mathématique et matériel (1) ».
Pascal avait dit que l'être pensant est *supérieur* à
l'immense univers matériel. M. Sully Prudhomme dit
avec plus de raison qu'il *n'y a pas de commune mesure*
entre la valeur de la pensée et celle de la matière. Et
le raisonnement de Pascal n'en devient que plus fort.

Il est admissible que l'infinité des cieux et des astres,
et toutes les lois mathématiques, mécaniques, physiques, en vertu desquelles les nébuleuses s'ordonnent
en systèmes solaires, il est admissible que tout cela
n'ait existé que pour qu'au bout d'une évolution mille
fois séculaire, sur la surface de l'un de ces grains de
poussière semés dans l'espace infini, apparût un jour
une conscience humaine ou quelque chose de meilleur
peut-être, qui n'est pas encore né, et que nous ne
pouvons pas prévoir ; cela est admissible si une conscience humaine est, au sens propre du terme, une fin,
c'est-à-dire une chose bonne par elle-même, et si tout
le reste n'a de valeur et n'est bon qu'à titre de moyen.
Il ne faut pas même dire qu'il y a disproportion entre
le moyen et la fin, et que « le jeu n'en vaut pas la
chandelle », car si les matériaux et les moyens n'ont
pas de valeur propre, qu'importe qu'ils soient en
excès ? Pourquoi une puissance créatrice produirait-
elle avec économie ? Rien ne lui coûte :

> Aux regards de Celui qui fit l'immensité,
> L'insecte vaut un monde : *ils ont autant coûté !*
> (LAMARTINE.)

Il se peut d'ailleurs que ce qui nous semble un excès
ait son utilité : « Ne serait-ce pas, en effet, de l'incon-

____

(1) Sully Prudhomme, *op. cit.*, p. 37-38.

séquence et de l'ingratitude de reprocher à la nature d'avoir assuré à la vie un fonds de réserve inépuisable (1) ? »

M. Séailles nous a présenté la conception anthropocentrique comme absolument antiscientifique. Or M. Goblot conclut la page, que nous venons de lui emprunter, en déclarant que cette théorie est en dehors des prises de la science :

Que toute conception téléologique de l'ensemble de l'univers soit très invraisemblable, j'en conviens ; ridicule, je ne m'en soucie guère ; *inadmissible, cela n'est pas démontré. La vérité, c'est qu'elle est totalement étrangère à la science* (2).

Pour nous, envisageant l'homme dans sa double nature, corporelle et spirituelle, il nous apparaît vraiment comme le centre du monde invisible et comme un admirable trait d'union entre les diverses créatures. Il est, selon le mot cher aux Scolastiques, un *microcosme :* il a l'être et le mouvement comme le minéral ; il a la vie végétative comme la plante ; il a la vie sensitive comme l'animal ; par la raison, il se rapproche des purs esprits. Placé aux confins de deux mondes, il en résume et en reflète les perfections dans l'union merveilleuse de l'âme et du corps. « S'il touche aux extrémités opposées de la hiérarchie des êtres, s'il est placé au milieu, réunissant en lui la nature et l'esprit, la sensation et la pensée, l'instinct et la raison, n'est-il pas, considéré sous ce double aspect, le vrai centre du monde, et n'est-il pas digne

(1) Sully Prudhomme, *op. cit.,* p. 41.
(2). E. Goblot, *la Finalité en biologie,* dans la *Revue philosophique,* octobre 1903, p. 366-369.

alors de la place royale que lui assigne le christianisme (1) ? »

De ce que l'homme est l'être le plus parfait parmi les êtres de la création visible, nombre de théologiens et de philosophes avaient conclu que tout dans l'univers est fait pour son service. Prise dans une universalité rigoureuse, cette conclusion semble dépasser l'étendue des prémisses ; mais entendue au sens d'une universalité relative, elle reste et restera parfaitement acceptable, si loin et si avant que les sciences poussent un jour leurs découvertes.

Sans doute il y a encore, même dans notre petite planète, bien des merveilles qui sont ignorées de l'homme ou dont la destination lui échappe. Mais le progrès des explorateurs et des savants reculent chaque jour la limite de l'inconnu.

Sans doute les astres lointains, et même bien des êtres dans notre monde terrestre, ne semblent pas faits pour l'utilité immédiate de l'homme. Cependant on peut toujours dire, d'une façon générale, que les créatures, dans les desseins providentiels, forment un ensemble de moyens mis par Dieu à la disposition de l'humanité pour l'aider à poursuivre sa fin dernière. Mais il faut se rappeler que les êtres créés sont des auxiliaires qui peuvent rendre des services à des titres différents : il y a l'usage direct, le sacrifice volontaire, la contemplation esthétique ou scientifique.

Un certain nombre de créatures sont destinées à entretenir et à développer notre vie physique, intellectuelle ou morale ; il faut en user dans la

(1) Abbé de Broglie, ancien élève de l'École polytechnique, *le Présent et l'Avenir du christianisme en France*, p. 155-156. Paris, 1892.

mesure où elles nous servent à obtenir ce résultat : ni plus, ni moins.

Il en est d'autres dont nous devons nous abstenir, dans la proportion où elles sont un danger qui nous détourne du droit chemin ou bien un obstacle qui s'oppose à la poursuite et à la réalisation de notre perfectionnement. Ce principe rationnel contient en germe la théorie de la mortification chrétienne, dont nous n'avons pas à montrer ici la légitimité.

Il est enfin, dans l'emploi des créatures, un mode plus relevé, d'une portée sans bornes : c'est la contemplation. Le premier est utilitaire : on se sert des créatures ; le second est douloureux : on s'en prive ; le troisième est tout ensemble désintéressé et joyeux. La création est une œuvre merveilleuse que le poète, le théologien et le savant interprètent, à leur manière, en l'envisageant d'un point de vue particulier. Pour le poète et le théologien ascète, c'est une œuvre d'art où le divin Artiste laisse transparaître quelque chose de ses perfections. « La nature est un livre, dit Gœthe, qui contient des révélations prodigieuses, immenses (1). » D'après le P. Faber, les créatures nous révèlent Dieu ; elles sont des émanations de sa sagesse et des manifestations de sa beauté. Elles sont ses œuvres d'art, sa pensée spéciale, sa musique et son poème (2). Pour le savant, la création est une œuvre de science : la découverte des lois qui la régissent fait entrevoir la splendeur de l'activité puissante et ordonnée que déploie l' « éternel Géomètre » dans le gouvernement de l'univers. Aussi, Ampère, cherchant à soulever

(1) Cité par Landriot, *le Symbolisme.* Introduction, p. 3.
(2) Faber, *Bethléem,* t. II, p. *72 sqq.* (Traduction française.)

par la réflexion un coin du voile qui nous dérobe le plan du Créateur, s'écriait-il avec conviction : « Je crois que le monde a été créé pour nous être une occasion de penser. »

Ici, la circulation intellectuelle aboutit à un rond-point où viennent converger les diverses avenues de la connaissance : le savant, le philosophe et l'ascète s'y rencontrent, unis dans un commun transport à la vue des beautés de la nature. Parvenue à ces hauteurs, la contemplation se tourne en admiration et l'admiration éclate en prière. L'ascète Ignace de Loyola donne, pour couronnement à l'édifice de ses *Exercices spirituels,* la *Contemplatio ad amorem divinum.* Plus d'une fois on l'entendit, quand il contemplait le ciel du haut de la terrasse du *Gesù* à Rome, s'écrier dans le ravissement de l'extase : *Quam sordet tellus, cum cælum aspicio!* Le philosophe Kant, oubliant ses froides abstractions, laisse échapper un jour cette chaleureuse exclamation : « Deux choses m'emplissent l'âme d'une admiration et d'un respect toujours croissants : le ciel étoilé sur ma tête, la loi morale au fond de mon cœur (1) ! » Enfin, le savant Képler épanche la ferveur de son âme dans cette ardente prière : « Je te rends grâce, Seigneur, de ce que tu m'as permis de me réjouir et de m'extasier dans la contemplation des œuvres de tes mains... Il est grand, notre Seigneur ! Ciel, soleil, lune et planètes, proclamez sa gloire... Et toi, mon âme, chante la gloire de l'Éternel pendant toute la durée de mon existence (2) ! »

(1) Kant, *Critique de la raison pratique.*
(2) Képler, cité par de Rougemont dans l'*Histoire de l'Astronomie*, p. 88-89.

Pour répondre pleinement à l'objection de
M. Séailles, relative à la finalité de la création, il
faut ajouter que le rôle du monde n'est pas borné
à la vie présente. Cet immense univers est comme
la dot dont a été gratifiée l'humanité du Verbe
incarné. Mais le Christ laissera aux élus, qui sont
ses « cohéritiers » (1), l'usufruit de ce magnifique
domaine, que la munificence de Dieu embellira
encore, après le jugement général (2). L'homme
glorifié n'aura plus besoin des créatures, ni pour
entretenir une vie devenue incorruptible, ni pour
l'aider à connaître Dieu, car il jouira de la vue
intuitive de la divine essence. Cependant l'œil de
chair aura aussi sa jouissance : dans une contemplation plus parfaite que celle qui le charmait ici-
bas, le regard des bienheureux verra se dérouler
devant lui la grande scène de l'univers renouvelé.
Revêtus de leurs corps glorifiés, ils pourront parcourir l'immensité de l'espace stellaire avec la
rapidité de l'éclair, et traverser sans effort les
milieux les plus opaques (3). Les progrès de la

(1) Saint Paul, *Ad Roman.*, VIII, 17 : « Si autem filii, et
hæredes ; hæredes quidem Dei, cohæredes autem Christi, si
tamen compatimur, ut et conglorificemur. »

(2) Saint Thomas, *Summa theologica*, Supplement., Quæst.
XCI (XCIII), art. 1 : « Sed ad hanc visionem essentiæ (divinæ)
oculus carnis attingere non poterit ; et ideo ut ei solatium
congruens de visione divinitatis præbeatur, inspiciet divinita-
tem in suis effectibus corporalibus, in quibus manifesta indicia
divinæ majestatis apparebunt, et præcipue in carne Christi,
et post hoc in corporibus beatorum, et deinceps in omnibus
aliis corporibus. »

(3) Saint Thomas, *Summa theologica*, Supplement., Quæst.
LXXXIII [LXXXV]. — Quæst. LXXXIV [LXXXVI], art. 2 : « ... Post-
quam cœlos conscenderint (corpora sanctorum), verisimile est
quod aliquando movebuntur pro suæ libito voluntatis, ut illud
quod habent in virtute, actu exercentes, divinam sapientiam

science n'ont fait que rendre plus concevables les propriétés des corps glorieux. Qui donc oserait taxer d'invention absurde l'attribution de ces deux qualités mystérieuses, l'agilité et la subtilité, aux corps ressuscités, soumis à l'action de la lumière de gloire (1)? Qui l'oserait surtout après la constatation scientifique de la rapidité vertigineuse de la lumière (300.000 kilomètres à la seconde), et depuis la découverte du pouvoir de pénétration dont certains rayons sont doués ?

Quand bien même l'homme, considéré soit dans sa vie présente, soit dans son existence future, n'aurait pas le droit de se dire, dans une certaine mesure, le centre, le roi, le pontife de la création visible, il existe, selon la doctrine catholique, un être parfait qui peut, en toute justice, réclamer tous ces titres : c'est le Verbe incarné, l'Homme-Dieu. Voilà la réponse adéquate à l'objection soulevée par M. Séailles. Laissons à Bossuet le soin de l'exposer dans son vigoureux langage (2) :

Je voulais, messieurs, vous représenter que Dieu, pour rappeler toutes choses aux mystères de son unité, a établi l'homme le médiateur de toute la

commendabilem ostendant, et ut etiam visus eorum reficiatur pulchritudine creaturarum diversarum, in quibus Dei sapientia eminenter relucebit... Nec tamen per motum aliquid deperibit eorum beatudini, quæ consistit in visione Dei, quem ubique præsentem habebunt. » — Art. 3. « Corpus gloriosum movetur in tempore, sed imperceptibili propter brevitatem. »

(1) « Ex dominio animæ glorificatæ. » (Saint Thomas, *Summa theologica*, Supplement, Quæst. LXXXIII [LXXXV], art. 1.) — « ... Melius est ut attribuatur (agilitas) animæ, a qua gloria in corpus emanat. » *(Ibid.,* Quæst. LXXXIV [LXXXVI], art. 1.)

(2) Bossuet, *Sermon pour la fête de l'Annonciation* (carême du Louvre), *Œuvres oratoires*, t. IV, p. 194-195. Édition Lebarq.

nature visible ; et Jésus-Christ, Dieu-homme, seul médiateur de toute la nature humaine... Toute la nature veut honorer Dieu et adorer son principe, autant qu'elle en est capable. La créature insensible, la créature privée de raison, n'a point de cœur pour l'aimer, ni d'intelligence pour le connaître ; « ainsi, ne pouvant connaître, tout ce qu'elle peut, dit saint Augustin, c'est de se présenter elle-même à nous, pour être du moins connue, et nous faire connaître son divin auteur (1) ». Elle ne peut voir, elle se montre ; elle ne peut aimer, elle nous y presse ; et ce Dieu qu'elle n'entend pas, elle ne nous permet pas de l'ignorer. C'est ainsi qu'imparfaitement et à sa manière, elle glorifie le Père céleste. Mais afin qu'elle consomme son adoration, l'homme doit être son médiateur. C'est à lui à prêter une voix, une intelligence, un cœur tout brûlant d'amour à toute la nature visible, afin qu'elle aime en lui et par lui la beauté invisible de son Créateur. C'est pourquoi il est mis au milieu du monde, industrieux abrégé du monde, petit monde dans le grand monde, ou plutôt, dit saint Grégoire de Nazianze (2), « grand monde dans le petit monde » ; parce qu'encore que selon le corps il soit renfermé dans le monde, il a un esprit et un cœur qui est plus grand que le monde ; afin que contemplant l'univers entier et le ramassant en lui-même, il l'offre, il le sanctifie, il le consacre au Dieu vivant ; si bien qu'il n'est le contemplateur et le mystérieux abrégé de la nature visible, qu'afin d'être pour elle, par un saint amour, le prêtre et l'adorateur de la nature invisible et intellectuelle.

Mais... l'homme, ce médiateur de la nature visible, avait lui-même besoin d'un médiateur. La nature visible ne pouvait aimer, et pour cela elle avait besoin

_____

(1) Saint Augustin, *De Civit. Dei*, lib. XI, cap. xxvii, n. 2 : « Quæ cum cognoscere non possit, quasi innotescere velle videtur. »

(2) Saint Grégoire de Nazianze, *Orat.*, xlv, n. 15.

d'un médiateur pour retourner à son Dieu. La nature
humaine peut bien aimer, mais elle ne peut aimer
dignement. Il fallait donc lui donner un médiateur
aimant Dieu comme il est aimable, adorant Dieu
autant qu'il est adorable ; afin qu'en lui et par lui
nous puissions rendre à Dieu, notre Père, un hommage, un culte, un amour digne de sa majesté. C'est,
messieurs, ce médiateur qui nous est formé aujour-
d'hui par le Saint-Esprit dans les entrailles de Marie.
Réjouis-toi, ô nature humaine, tu prêtes ton cœur au
monde visible pour aimer son Créateur tout-puissant,
et Jésus-Christ te prête le sien pour aimer dignement
Celui qui ne peut être dignement aimé que par un
autre lui-même.

Bref, tout est pour l'homme, tout peut lui ser-
vir de moyen et d'échelon pour atteindre sa fin,
soit par l'usage, soit par le sacrifice, soit par la
contemplation ; l'homme est pour le Christ, et le
Christ est pour Dieu : *Omnia enim vestra sunt ;
vos autem Christi ; Christus autem Dei* (1).

M. Séailles tient en réserve une dernière objection tirée de la théologie. Au ton dont il la formule, on devine qu'il se croit enfin triomphant ;
aux interrogations pressantes qu'il accumule, on
sent qu'il les juge sans réplique : « La rédemption de l'homme par le Fils de Dieu se conciliait
sans effort avec la cosmologie du moyen âge... ;
mais voici que des millions de soleils, des milliards de planètes, de terres, élèvent d'égales prétentions à la sollicitude divine ; combien de fois
s'est renouvelé le miracle de l'Incarnation ? En
combien de mondes ce Dieu errant n'a-t-il pas dû
et ne doit-il pas encore s'exiler ? A quelle date,
sur cette terre vieille de plus de vingt millions

(1) Saint Paul, *I Cor.*, III, 22-23.

d'années, peut être rejetée l'origine du péché ? »
(P. 29.)

M. Séailles s'illusionne complètement, s'il croit nous étourdir en nous jetant à la tète l'hypothèse de la pluralité des mondes habités.

D'abord, ce n'est qu'une hypothèse, contestable et contestée, parce qu'elle n'est fondée sur aucune preuve directe (1). Si l'on se place au point de vue esthétique, il est certain que c'est une supposition séduisante, et l'on se laisse volontiers entraîner au charme de ces poétiques paroles de Mgr Bougaud : « Pour ma part, je n'ai jamais cru à ces mondes vides, à ces lanternes vénitiennes allumées en des lieux où personne ne passe et qu'aucun œil humain ne verra jamais (2). Que j'aime, au contraire, dans les soirs d'été, quand l'immensité resplendit de mille feux, à lever les yeux vers la voûte céleste ! Chaque astre m'apparaît comme un encensoir fumant. Il me semble entendre comme un bruit de prières, voir s'échapper, de chaque globe, l'adoration, la louange, la reconnaissance (3). » On pourrait citer, venant aussi des rangs de l'Église, des témoignages plus autorisés que les aspirations lyriques de Mgr Bougaud. En lui, nous avons surtout entendu un poète ; dans le P. Secchi, l'illustre directeur de l'observatoire du Collège romain, nous entendrions un savant, et, dans le R. P. Monsabré, l'éminent

(1) J. Boiteux, *Lettre à un moraliste sur la pluralité des mondes habités*. Paris, Plon. — Cf. A. Haté, *les Astres, la raison et la foi* (*Études*, 1892, t. LVI, p. 353 *sqq.* ; p. 606 *sqq.*)
(2) Mgr Bougaud a, ici, le tort de faire abstraction de la vie future.
(3) Em. Bougaud, *le Christianisme et les temps présents*, t. III : *les Dogmes du Credo*, 2ᵉ partie, chap. II, § 5, p. 146. Paris, 1878, Édit. in-12.

conférencier de Notre-Dame de Paris, un théologien. Entre catholiques, c'est donc une question libre. C'est pourquoi si des observations plus pénétrantes devaient, un jour ou l'autre, transformer en certitudes les vagues analogies (1) sur lesquelles s'appuient actuellement les fauteurs de cette hypothèse, nous n'aurions aucun effort de conciliation à tenter pour la faire cadrer avec l'enseignement chrétien.

C'est là, insiste M. Séailles, une réponse qui ressemble fort à une échappatoire. Car enfin, si l'on admet l'existence de la pluralité des mondes habités, il faut conséquemment admettre que « le miracle de l'Incarnation s'est renouvelé plusieurs fois ; que Jésus-Christ est un « Dieu errant », un vagabond qui est contraint de « s'exiler » du ciel pour vaquer successivement à la rédemption de mondes innombrables. Or, de bonne foi, cette vie errante est-elle convenable ? Ce vagabondage est-il décent pour un Dieu ?

(1) Voici un exemple typique de la faiblesse des raisonnements employés en pareille matière. Les prémisses énoncent de vagues analogies ; la conclusion affirme l'évidence et la certitude : « En résumé, la science n'est en état de fournir, sur cette intéressante question de l'existence de la vie organisée dans les astres, que des *renseignements très vagues*. Tout *se réduit* à énumérer celles des conditions favorables qui *paraissent* réalisées dans quelques planètes, dans Mars par exemple. Toutes les conclusions qu'on peut tirer de l'examen des faits, c'est l'*analogie* qui les dicte et les formule. C'est l'analogie qui nous porte à regarder les étoiles comme des foyers envoyant leurs rayons à des corps secondaires semblables aux planètes de notre système, et c'est elle encore qui nous suggère la pensée que, sur tant de millions, de milliards d'astres pareils, la Terre n'est pas la seule planète portant la vie à sa surface. Il me semble *bien évident* qu'une telle probabilité équivaut à *la certitude*. » (A. Guillemin, *Autres mondes*, § 12, p. 260-261. Paris 1892.)

Ce souci de la dignité de nos dogmes part sans doute d'un bon naturel. Mais quittez ce souci, trop aimable philosophe, et laissez-nous ce soin. Il n'est pas, dans l'espèce, bien accablant. Car, enfin, la nécessité de la supposition imaginée par M. Séailles ne s'impose aucunement à la raison. Concédons-lui généreusement que les astres sont peuplés d'êtres intelligents, qui seraient, dans l'échelle de perfection des êtres, les degrés intermédiaires entre les hommes, animaux raisonnables, et les anges, esprits purs.

Cette concession faite, je lui pose la question suivante : Ces êtres « astrals » se sont-ils rendus coupables de quelque prévarication originelle ? Si non, je réponds qu'ils n'ont pas besoin de rédemption. Si oui, je réponds que l'Incarnation et la Passion ne sont pas les seuls moyens dont Dieu dispose pour effacer les fautes de ses créatures révoltées. Dieu peut leur octroyer le pardon à la seule condition qu'elles se repentent. S'il préfère établir entre lui et elles un médiateur, rien ne l'oblige à choisir son Fils ; il peut déléguer, à cette fonction réconciliatrice, un ambassadeur muni de pleins pouvoirs, choisi, par exemple, dans les rangs de la hiérarchie angélique.

Mais admettons même que Dieu veuille s'en tenir à l'Incarnation et à la Rédemption, et ce mode semblerait le plus indiqué, car les plans divins sont marqués au coin de l'unité et de la suite, M. Séailles se trompe étrangement en supposant comme nécessaire le renouvellement, dans chaque astre habité, du mystère de l'Incarnation et du sacrifice de la Rédemption. Les mérites du Verbe incarné, étant d'une valeur infinie, suffisent surabondamment à racheter des milliards de mondes coupables, parce que le nombre des habitants qui les composeraient et le total de leurs fautes, si grands qu'on les imagine, constitueraient toujours des quantités et des qualités finies. Pour sauver cet univers immense, la grande victime expiatrice n'aurait eu qu'à lui appliquer le prix de son sang rédempteur, quand d'un regard mourant elle mesurait l'étendue de son royaume et passait, du haut de la croix ignominieuse, la revue générale des âmes rachetées.

Joseph de Maistre, dont M. Séailles s'est plu à railler l'implacable « intransigeance » (p. 63), s'inspirant de saint Paul, d'Origène, de saint Jérôme et de saint Chrysostome, a splendidement résumé cette miséricordieuse et consolante doctrine (1) :

Origène (2), surtout, doit être entendu sur ce sujet intéressant qu'il avait beaucoup médité. C'était son opinion bien connue : Que le sang répandu sur le Calvaire n'avait pas été seulement utile aux hommes, mais aux anges, aux astres et à tous les êtres créés ; ce qui ne paraîtra pas surprenant à celui qui se rappellera ce que saint Paul a dit : *Qu'il a plu à Dieu de réconcilier toutes choses par Celui qui est le principe de la vie, et le premier-né entre les morts, ayant pacifié par le sang qu'il a répandu sur la croix, tant ce qui est en la terre que ce qui est au ciel* (3)... Le grand et saint adversaire d'Origène nous atteste qu'au commencement du cinquième siècle de l'Église, c'était encore une opinion reçue *que la Rédemption appartenait au ciel autant qu'à la terre* (4), et saint Chry-

(1) J. de Maistre, *Éclaircissement sur les sacrifices*, chap. III.
(2) Origène, *Oper.*, t. IV, p. 149. Édition Ruæi. In-folio.
(3) Saint Paul, *Colos.*, I, 18-20 ; *Ephes.*, I, 10.
(4) Jérôme, *Epist.* LIX, *ad Avitum*, cap. I.

sostome ne doutait pas que le même sacrifice, continué jusqu'à la fin des temps et célébré chaque jour par les ministres légitimes, n'opérât de même *pour tout l'univers* (1)...

Au reste, quoique Origène ait été un *grand auteur, un grand homme et l'un des plus sublimes théologiens* (2) qui aient jamais illustré l'Église, je n'entends pas cependant défendre chaque ligne de ses écrits ; c'est assez pour moi de chanter avec l'Église romaine :

> Et la terre, et la mer, et les astres eux-mêmes,
> Tous les êtres enfin sont lavés par ce sang (3).

Sur quoi je ne puis assez m'étonner des scrupules étranges de certains théologiens qui se refusent à l'hypothèse de la pluralité des mondes, de peur qu'elle n'ébranle le dogme de la rédemption (4) ; c'est-à-dire que, suivant eux, nous devons croire que l'homme voyageant dans l'espace sur sa triste planète, misérablement *gênée entre Mars et Vénus* (5), est le seul être intelligent du système, et que les autres planètes ne sont que des globes *sans vie et sans beauté,* que le Créateur a lancés dans l'espace pour s'amuser apparemment comme un joueur de boules. Non, jamais une pensée plus mesquine ne s'est présentée à l'esprit humain !... Ne rapetissons pas misérablement l'Être infini en posant des bornes ridicules à sa puissance et à son amour. Y a-t-il quelque chose de plus certain que cette proposition : *Tout a été fait par et pour l'intelligence.* Un système planétaire peut-il être autre chose qu'un système d'intelligences, et chaque pla-

(1) Saint Chrysostome, *Homil.* LXX in Joannem.
(2) Bossuet, *Préface sur l'explication de l'Apocalypse* n. XXVII, XXIX.
(3)   *Terra, pontus, astra, mundus,*
             Quo lavantur flumine !

             (*Hymne* des Laudes du Dimanche de la Passion)
(4) Cf. Gerdil, *Notes sur le dernier poème du cardinal de Bernis.*
(5) Boscowich, *De solis et lunæ defectibus,* lib. I.

nète en particulier peut-elle être autre chose que le séjour d'une de ces familles ? Qu'y a-t-il donc de commun entre la matière et Dieu ? *La poussière ne le connaît-elle* (1) ? Si les habitants des autres planètes ne sont pas coupables ainsi que nous, ils n'ont pas besoin du même remède ; et si, au contraire, le même remède leur est nécessaire, les théologiens dont je parlais tout à l'heure ont-ils donc peur que la vertu du sacrifice, qui nous a sauvés, ne puisse s'élever jusqu'à la lune ? Le coup d'œil d'Origène est bien plus pénétrant et plus *compréhensif,* lorsqu'il dit : *L'autel était à Jérusalem, mais le sang de la victime baigna l'univers* (2).

M. Séailles est-il satisfait de ces explications ? Peut-être objectera-t-il (c'est le dernier trait qu'il puisse nous décocher) que J. de Maistre est un profane en pareille matière et n'a pas qualité pour en parler. Nous aurions cru qu'un témoignage laïque n'était pas pour déplaire à l'exigeant professeur de Sorbonne. Afin de nous conformer à ses désirs, nous allons lui citer un théologien qui a exposé avec autorité, pendant dix-huit ans, le dogme catholique, du haut de la chaire de Notre-Dame. Voici en quels termes il concluait sa conférence sur le nombre des élus :

Et maintenant, Messieurs, si, du ciel, où la béatitude des anges est consommée, vous descendez dans les espaces, vous y verrez des milliards de globes plus grands et plus beaux que notre misérable terre ; vous vous demanderez si ces globes sont des déserts errants, des solitudes silencieuses et dépouillées, faites uniquement pour réjouir de loin nos yeux ou pour donner des surprises à l'astronomie ; et peut-être direz-vous

(1) Psaume XXIX, 10 : *Numquid confitebitur tibi pulvis ?*
(2) Origène, *Homil.* 1 in Levit., n. 3.

imaginé de remplacer l'Être souverainement parfait, par une catégorie, « la catégorie de l'idéal ». Cette froide abstraction était un bien maigre aliment pour repaître des intelligences affamées de vérités substantielles, et pour rassasier des cœurs avides de sentiments chaleureux. M. Séailles n'a fait que substituer une abstraction à une autre ; il loge son Dieu dans une catégorie nouvelle : celle « de la suprématie de l'ordre moral ». (1) Ce Dieu-fantôme n'aura pas plus de succès que la chimère éclose dans l'imagination hégélienne de Renan. Ce n'est pas encore lui qui prendra, dans l'adoration et l'amour de l'humanité, la place du Dieu de la foi chrétienne et de la raison spiritualiste.

Et dire cependant que M. Séailles se flatte « d'avoir dépassé nos dogmes » (p. 2) et s'en va répétant, pour se donner de l'assurance, que les « dogmes ne renaissent pas ». Ils ne renaissent pas, c'est vrai, parce qu'ils ne sont pas morts. Les dogmes sont immortels, car ils ont pour fondement immuable le Dieu vivant. Or, selon la parole que l'un des plus fiers témoins, jusqu'au sang, de la vérité révélée, Garcia Moreno, jetait pour toute réponse, comme un défi suprême, aux assassins qui le poignardèrent au sortir de la table sainte : *Dios no muere,* Dieu ne meurt pas !

---

(1) « Notre croyance en Dieu, c'est-à-dire en la suprématie de l'ordre moral, ne prend consistance que dans la mesure où nous posons des faits réels qui la confirment. » (*Op. cit.*, p. 112)

VI

DIOS NO MUERE

Nous arrêterons là nos remarques. Ce n'est pas que la matière nous fasse défaut. Si, après avoir accompagné M. Séailles dans son excursion sur le domaine cosmologique, nous voulions le suivre sur le terrain de la doctrine morale, nous aurions à relever, presqu'à chaque pas, ses ignorances, et à signaler les travestissements dont il affuble les conceptions du dogme catholique (1). Mais les exemples, que nous avons déjà rapportés dans le cours de cette étude, suffisent amplement à donner une idée de son genre et permettent de mesurer la valeur de ses attaques.

Il y a quelques années, l'un de ses plus brillants camarades à l'École normale, M. Georges Duruy, rappelait à M. Séailles, avec une malicieuse bonhomie que, pour compenser sans doute le maigre régime de l'établissement, il « mangeait assez volontiers du prêtre (2) ». Fougue dévorante de la jeunesse, dira-t-on. Sans doute. Mais, si avec la maturité de l'âge, l'appétit anticlérical de M. Séailles est devenu moins glouton, je veux dire, si sa

(1) Voir *Note justificative* IV, p. 61.
(2) Voici le passage textuel de M. G. Duruy : « L'éloquent Séailles était démagogue. Je crois même me souvenir que, si je mangeais du républicain, il mangeait, lui, assez volontiers du prêtre. C'est un goût qui nous a passé, à l'un comme à l'autre. » *(Le Centenaire de l'École normale, La promotion de 1872. Cf. Revue Bleue*, avril 1895, p. 451.) Hélas ! non, M. Séailles n'est pas encore rassasié.

verve est moins débraillée ; au fond, la vora-
cité est restée la même, sous des dehors moins
abandonnés. La froideur de l'intellectuel, plus
maître de lui-même, a remplacé la folle intempé-
rance du normalien. La maîtrise n'est pas encore
complète : nous avons vu la haine et le mépris
concentrés, que M. Séailles nourrit contre tout
dogmatisme religieux en général et contre le
catholicisme en particulier, se faire jour çà et là
et s'échapper en blasphèmes ou en sarcasmes. Les
paroles par lesquelles il prend congé du lecteur,
ne sont pas faites pour tempérer cette pénible
impression :

Le sophisme qui conclut du règne de l'injustice sur
la terre à sa réparation dans un monde meilleur, est
devenu trop grossier pour nos intelligences : la perpétuelle défaite du bien ne prouve pas sa victoire nécessaire. Jouons-nous la comédie de la morale et de la
religion, cherchons-nous seulement un divertissement
à la conscience de notre misère morale ?
Une fois par semaine, dans des enceintes réservées
et décorées à cet usage, des hommes se réunissent
pour affirmer leur noblesse et qu'ils ne sont rien
moins que les fils de Dieu. Les paroles ne suffisent pas
à faire la preuve ; en fait, l'homme est une bête
méchante et cruelle ; qu'il prouve la validité de ses
prétentions par ses actes, qu'il apporte ses titres
(p. 113).

Pour toutes représailles, nous souhaitons à
M. Séailles de finir, comme le philosophe dont
nous évoquions la mémoire au début de cette
réponse. Puisse-t-il, après avoir imité Jouffroy dans
ses injustices contre le christianisme, le suivre
jusqu'au bout et avoir le courage de la rétracta-
tion ! C'est la seule vengeance que la « conscience

chrétienne » nous permette, car elle repousse avec horreur cette odieuse accusation de M. Séailles : « Au nombre des joies que donne la religion, il faut compter la joie de haïr et de faire le mal sans remords. » (P. 63)

En 1840, Jouffroy présidait la distribution des prix au collège Charlemagne. Il y prononça son dernier discours d'une voix affaiblie. Son visage était pâle, ses traits amaigris. Il était déjà miné, à quarante ans, par le mal qui allait bientôt l'emporter. Mais jamais son âme n'avait fait entendre des accents plus élevés que dans ce mélancolique adieu adressé à la jeunesse :

Le sommet de la vie vous en dérobe le déclin. De ses deux pentes, vous n'en connaissez qu'une, celle que vous montez : elle est riante, elle est belle, elle est parfumée comme le printemps. Il ne vous est pas donné, comme à nous, de contempler l'autre avec ses aspects mélancoliques, le pâle soleil qui l'éclaire et le rivage glacé qui la termine. Si nous avons le front triste, c'est que nous la voyons.

Mais, secouant vite cette tristesse instinctive, sa pensée réfléchie le ramenait à la résignation et à la confiance. Il terminait ainsi :

Faites en sorte de ne pas laisser éteindre dans votre âme cette espérance que nous y avons nourrie, cette espérance que *la foi et la philosophie* allument, et qui rend visible, par delà les ombres du dernier rivage, l'aurore d'une vie immortelle (1).

Jouffroy devait traîner, dix-huit mois encore, une mourante vie. Mais il était réconcilié pour toujours avec l'espérance que « la foi et la philosophie allument ». A la lueur consolante de ce

_____

(1) *Le Moniteur universel*, 24 août 1840.

flambeau, pendant sa longue maladie de langueur, il écrivait ces lignes dignes d'un ascète : « La maladie est certainement une grâce que Dieu nous fait, une sorte de retraite spirituelle qu'il nous ménage pour nous reconnaître, nous retrouver, et rendre à nos yeux la véritable vue des choses (1). » Jouffroy s'était « retrouvé » : il sentait refleurir dans son âme la foi qui avait embaumé sa jeunesse. Le philosophe, à qui l'épreuve avait « rendu la véritable vue des choses », rétracta loyalement ses attaques passées, quand il dit à Mgr Cart, évêque de Nîmes :

Monseigneur, je ne suis pas de ceux qui pensent que les sociétés modernes peuvent se passer du christianisme : je ne l'écrirais plus aujourd'hui. Vous avez, Monseigneur, une belle mission à remplir. Ah ! continuez à bien enseigner l'Évangile !

L'exemple de Jouffroy, esprit ferme et pénétrant, aurait dû rendre M. Séailles plus circonspect et plus respectueux. Il s'est donné la mission de conduire le deuil des dogmes à « la nécropole des idées mortes » ; il s'est chargé, sans que personne l'ait délégué à ce périlleux office, d'en prononcer l'oraison funèbre : après un hommage ému au « sentiment religieux » et une poétique évocation de la cathédrale gothique, il procède, sans plus de façon, à l'enterrement de la dogmatique chrétienne. Sur la pierre massive de cette tombe, qu'il a creusée lui-même, notre philosophe propose gravement d'inscrire cette épitaphe : « Ci-gît le dogme chrétien sans espoir de résurrection. »

C'est aller un peu vite en besogne. Il y a bien

<hr>

(1) Baunard, *le Doute et ses victimes : Théodore Jouffroy,* p. 51-52, 6ᵉ édition. Paris, 1883.

des siècles que l'Église rencontre, sur son chemin, de ces fossoyeurs trop empressés à prédire sa mort et à préparer sa sépulture. Quand elle regarde en arrière pour mesurer l'espace parcouru, cette immortelle voyageuse aperçoit sur le bord de la route, où elle chemine depuis dix-neuf cents ans, une interminable rangée de tombeaux : ils renferment les restes déshonorés de ces implacables adversaires qui n'avaient cessé de prophétiser sa ruine prochaine. M. Séailles ne mérite pas, du moins, le reproche d'opportunisme, car il a bien mal choisi son heure. Est-ce le moment de parler de mort, lorsque sévit contre l'enseignement de l'Église une persécution savamment calculée ? On s'acharnerait moins contre lui s'il avait déjà la forme cadavérique. Est-ce le moment, lorsqu'on voit parmi les esprits cultivés, un instant séduits par le mirage d'une fausse science, faisant faillite à des promesses qu'elle ne pouvait tenir, s'accentuer un mouvement de retour vers les croyances catholiques et la métaphysique spiritualiste, au grand émoi des rationalistes qui, dans les épanchements intimes, laissent percer (M. Séailles ne l'ignore pas) leur dépit et leurs craintes ? Est-ce le moment, lorsqu'on constate, de toutes parts, le discrédit qui couvre d'ombres grandissantes la mémoire de Renan ? On admire encore, on admirera toujours certaines pages sorties de sa plume prestigieuse. Mais son autorité scientifique est à jamais ruinée : la mort a rompu le charme qui enveloppait le merveilleux jongleur.

M. Séailles, qui n'est, dans cet effort de critique dissolvante, qu'un écho servile de Renan, ou, si l'on préfère, sa doublure, espère-t-il donc réussir où celui-ci a misérablement échoué ? Renan avait

imaginé de remplacer l'Être souverainement parfait, par une catégorie, « la catégorie de l'idéal ».
Cette froide abstraction était un bien maigre aliment pour repaître des intelligences affamées de
vérités substantielles, et pour rassasier des cœurs
avides de sentiments chaleureux. M. Séailles n'a
fait que substituer une abstraction à une autre ; il
loge son Dieu dans une catégorie nouvelle : celle
« de la suprématie de l'ordre moral ». (1) Ce
Dieu-fantôme n'aura pas plus de succès que la
chimère éclose dans l'imagination hégélienne
de Renan. Ce n'est pas encore lui qui prendra,
dans l'adoration et l'amour de l'humanité, la place
du Dieu de la foi chrétienne et de la raison spiritualiste.

Et dire cependant que M. Séailles se flatte
« d'avoir dépassé nos dogmes » (p. 2) et s'en va
répétant, pour se donner de l'assurance, que les
« dogmes ne renaissent pas ». Ils ne renaissent
pas, c'est vrai, parce qu'ils ne sont pas morts. Les
dogmes sont immortels, car ils ont pour fondement
immuable le Dieu vivant. Or, selon la parole que
l'un des plus fiers témoins, jusqu'au sang, de la
vérité révélée, Garcia Moreno, jetait pour toute
réponse, comme un défi suprême, aux assassins
qui le poignardèrent au sortir de la table sainte :
Dios no muere, Dieu ne meurt pas !

---

(1) « Notre croyance en Dieu, c'est-à-dire en la suprématie de
l'ordre moral, ne prend consistance que dans la mesure où nous
posons des faits réels qui la confirment. » (*Op. cit.,* p. 112)

VII
NOTES JUSTIFICATIVES

I

LES BLASPHÈMES DE M. SÉAILLES
(Cf. p. 6.)

Voici quelques échantillons des aménités que se permet
M. Séailles, après avoir solennellement déclaré, au début,
« qu'il ne convient pas de parler légèrement de questions
qu'on se doit à soi-même et aux autres d'aborder avec sérieux »
(p. 2) : « Au nombre des joies que donne la religion, il faut
compter la joie de haïr et de faire le mal sans remords. Pour
contraindre, on a besoin de la force : avec des paroles de dou-
ceur on manie l'épée par les mains de César et on extermine
ceux qu'on désespère de persuader. Usant de la violence, on
l'accepte, on la légitime, on associe Dieu le Père au pillage,
au meurtre, à toutes les brutalités de la guerre. Ce singulier
Père, qui n'a certes rien d'humain, donne la victoire à ceux
de ses enfants qu'il préfère, et il préfère toujours ceux qui
sont les plus forts. Il ne se contente pas de voir ses enfants
s'entre-tuer, il prend parti, il égorge les uns par la main des
autres, commettant un crime qui n'a même pas de nom dans les
langues humaines. Vainement l'homme prétendrait-il se sous-
traire à cette nécessité du fratricide, la guerre est dans les
décrets éternels de notre Père qui est aux cieux : que sa volonté
soit faite sur la terre! Ce Dieu, qui est tout amour, a besoin
de renifler le sang humain. Joseph de Maistre, le philosophe
du catholicisme intransigeant, l'a dit, de pâles académiciens le
répètent. Ce Béhanzin céleste, cette brute sanguinaire, n'est
pas le Dieu de la conscience moderne. » (P. 63.) — « Comment
Dieu, envoyant son fils sur la terre, a-t-il ignoré deux ou trois
continents, oublié les jaunes, les noirs et les rouges, privé des
milliards d'hommes de la seule vérité qui soit nécessaire ? Le
malheur de ces peuples a été que le Dieu des chrétiens se soit
souvenu d'eux à un certain jour. La civilisation américaine
n'a dû au christianisme que son anéantissement. Quand le
soldat ne précède pas le missionnaire, il ne tarde pas à le
suivre. » (P. 32) — « Ces petits accrocs (il s'agit des miracles)
faits arbitrairement dans la trame des phénomènes, ces coups
d'État minuscules en un point de l'espace et du temps, alors
que par millions les mondes, lancés dans l'immensité silencieuse,

obéissent à la souveraineté de la loi, sont des jeux dignes tout au plus d'un génie de conte de fées. » (P. 33-34.) — « En vérité, quelle figure fait ce Dieu si bon, tout-puissant, qui, sur des milliers de pèlerins, réussit quelques guérisons contestées, qu'on enregistre comme des victoires, en face du savant qui, par le sérum de la diphtérie, arrache chaque année des milliers d'enfants à la mort ? » (P. 34.) — Ailleurs, l'auteur nous dit que ce « petit Dieu tatillon ne répond plus » (p. 38) à la grandeur et à la diversité de l'univers tel que la science nous le révèle aujourd'hui. Cependant le « terrible Jéhovah » a fini par se calmer : il a envoyé « son fils en un lieu de l'espace, sous une forme humaine, témoigner qu'il a pris des mœurs plus douces » (p. 39). — Plus loin, M. Séailles nous parle de la « candeur géniale » (p. 94) de Jésus ; puis il ajoute doctoralement : « Nous n'avons rien de commun avec cet être transcendant qui vient sur la terre donner la comédie humaine, jouer la tentation, la souffrance et la mort : *nous n'avons rien à apprendre de lui.* » (P. 95.) — « Toutes les mythologies, celle qui fait garder les troupeaux d'Admète par Apollon, aussi bien que celle qui fait de Dieu un charpentier de Nazareth, répondent à la conception d'un petit monde où l'on circule sans trop de peine du ciel à la terre. » *(Ibid.)* — Quelle délicate réflexion à propos du miracle relatif aux pourceaux précipités dans la mer par les esprits impurs, qui, sortant de l'homme délivré, étaient entrés dans les pourceaux avec la permission de Jésus ! « Le troupeau était bien noyé, mais les démons ? Quoi qu'il en soit, les porchers s'enfuirent, courant porter la nouvelle à la ville voisine, et, sans réclamer d'indemnité, les habitants prièrent le sorcier redoutable de quitter leur pays. La terreur sans doute les empêcha de l'assommer. » (P. 98.)

II

LES ANGES ET LE MOUVEMENT DES ASTRES

(Cf. p. 14.)

M. Séailles semble attacher une importance exceptionnelle — car il y revient avec complaisance — à une question tout à fait accessoire : il s'agit de la théorie scolastique qui fait intervenir les anges dans la direction des astres. L'auteur en emprunte l'exposé à son fidèle Achate, à Théophile Bouju. Les cieux sont mûs « par des moteurs externes que les philosophes appellent *intelligences* et les théologiens *anges* ». Puis, il ajoute : « Ainsi, ce qu'il y a d'ordre dans le monde ne s'explique ni par une suite de mouvements aveugles et nécessairement enchaînés, ni par une finalité immanente, présente aux lois des choses, mais par l'action des anges tout pénétrés de la pensée divine, tout occupés à la réaliser dans les choses. » (P. 12.) — La science de la mécanique n'existant pas encore au moyen âge, les Scolastiques, possédés de la passion impérieuse de trouver la raison de toutes choses, imaginèrent de confier à de purs esprits la fonction de présider aux mouvements des mondes. Les anges étaient comme les chorèges chargés de diriger les évolutions harmonieuses du vaste chœur des astres à travers l'espace. Cette conception ne manquait pas de grandeur ni de poésie au point de vue esthétique. D'ailleurs les Scolastiques la donnaient non point comme un article se rapportant à la foi, mais comme une thèse de convenance (*Magis congruit*, comme dit saint Thomas que nous citerons tout à l'heure). La seule chose essentielle, métaphysiquement et théologiquement parlant, c'est la nécessité d'affirmer, en dehors et au-dessus de la matière inerte, un principe de mouvement, un premier moteur immobile et mouvant tout le reste, c'est-à-dire un Dieu créateur et conservateur de toutes choses. Voilà ce que la foi enseigne, ce que la raison démontre, ce que l'immense majorité des savants, depuis Galilée jusqu'à Faye, admettent. (Voir leurs témoignages dans E. Naville, *la Physique moderne*, p. 133 *sqq.*, 2ᵉ édition. Paris, Alcan, 1890.) Ce point reconnu, les astronomes peuvent se livrer, en toute liberté, à leurs recherches ; s'ils arrivent jamais à découvrir la formule définitive des lois qui régissent l'univers, sous la dépendance de la volonté souveraine de Dieu, ce n'est pas du côté du dogme chrétien qu'ils rencontreront le moindre obstacle. M. Séailles triomphe donc, sans péril et sans gloire, quand il conclut : « Les sphères cristallines qui tournaient sous l'impulsion des anges emportant les astres dans leur révolution, sont désormais brisées ; les astres se soutiennent dans l'espace, selon les lois d'un mécanisme inflexible. » (P. 26-27.) — Voici le texte de saint Thomas auquel il est fait allusion : « Libri Philosophorum hujusmodi probationibus abundant, quas ipsi demonstrationes putant ; mihi etiam *videtur* quod demonstrative probari possit quod ab aliquo intellectu corpora cœlestia moveantur, *vel* ad ipso Deo immediate, *vel* mediantibus Angelis ; sed quod mediantibus Angelis ea moveat, *magis congruit* rerum ordini, quem Dionysius infallibilem asserit ; ut inferiora a Deo per media secundum cursum communem administrentur. » (*Opuscul. X*, t. XVI, p. 169. Édition de Parme.)

III

LA SCIENCE ET LA COSMOGONIE BIBLIQUE (Cf. p. 21.)

« Si nous comparons les données scientifiques avec l'histoire biblique de la création, nous voyons que cette dernière concorde avec ces données autant qu'on est en droit de l'attendre. Nous découvrons, en effet, (dans la science et dans la Bible), les mêmes règnes, également distincts en eux-mêmes, en ne tenant pas compte des variations historiques qu'ils ont pu subir ; la suite chronologique de leur apparition est exactement donnée par Moïse. Le chaos primitif, la terre d'abord couverte par les eaux, émergeant ensuite ; la formation du règne inorganique suivi du règne végétal, puis du règne animal qui a pour premiers représentants les animaux vivant dans l'eau, et, après eux, les animaux terrestres ; l'homme apparaissant enfin le dernier de tous ; telle est bien la véritable succession des êtres, telles sont bien les diverses périodes de l'histoire de la création, périodes désignées sous le nom de jours. » (Pfaff, *Schöpfungsgeschichte*, conclusion, p. 741 ; cité par Vigouroux, *Manuel biblique*, t. I, n. 277 ; 11° édition, 1901.) — M. Vigouroux apporte également ce témoignage d'un savant géologue américain, M. Dana : « On peut observer, dit-il, que si le document (mosaïque) est vrai, — il est vrai, puisque l'ordre des événements dans la cosmogonie de l'Écriture correspond essentiellement avec celui qui est donné par la géologie, — il s'ensuit qu'il est d'origine divine. Car aucune intelligence humaine n'a été témoin des événements et aucune intelligence humaine, dans cet âge primitif du monde, à moins qu'elle n'eût été douée d'une pénétration surnaturelle, n'aurait pu inventer un tel arrangement ; elle n'aurait jamais placé la création du soleil, source de lumière sur la terre, si longtemps après la création de la lumière, au quatrième jour, et, ce qui est également singulier, entre la création des plantes et des animaux, quoique cet astre soit aussi important pour les premières que pour les seconds. Nul non plus n'aurait pu atteindre les profondeurs de la philosophie qui se manifeste dans tout ce plan. Le récit biblique est profondément philosophique dans le tableau qu'il nous présente de la création. Il est tout à la fois vrai et divin. C'est une déclaration, dans la première page du volume sacré, que la Création et la Bible ont le même auteur. *Il ne peut y avoir de conflit réel entre les deux livres du grand Auteur.* L'un et l'autre sont des révélations qu'il fait à l'homme. » (J. Dana, *Manual of Geology*, p. 767-770. 2° édition. New-York 1876.)

IV

LES TRAVESTISSEMENTS DU DOGME CATHOLIQUE
PAR M. SÉAILLES (Cf. p. 51.)

Comme on n'est pas obligé de nous croire sur parole, voici, pour prouver notre dire, quelques échantillons de l'exactitude avec laquelle M. Séailles résume la doctrine catholique. D'après cette doctrine exposée par M. Séailles :

a) « La nature n'est pas bonne...; elle est mauvaise, *incurablement mauvaise*, et livrée à elle-même, elle ne peut produire que le désordre et le mal. » (*Op cit.*, p. 45.) — *Réponse* : La nature humaine a été dépouillée, par suite du péché originel, des dons surnaturels et préternaturels. Mais « rien ne nous manque de ce à quoi nous avons droit comme hommes... La nature n'est ni corrompue, ni amoindrie... » (J.-V. Bainvel, *Nature et surnaturel*, chap. VII, p. 234-235. Paris, G. Beauchesne, 1903.) « Nombre de théologiens, il est vrai, surtout dans le passé, ont tenu pour un *affaiblissement* de nos forces naturelles. C'est une question où le dogme n'est pas directement intéressé, mais seulement la science du dogme, la logique, et partant la défense de la vérité chrétienne... En tout cas, cette opinion ne s'impose pas, et l'on voit dès lors combien nous sommes loin des doctrines que l'on prête couramment aux catholiques sur ces questions. Ces doctrines, que l'on attaque violemment, croyant par là nous attaquer, ne sont pas les nôtres ; ce sont celles de Luther et de Calvin, celles de Baïus et de Quesnel. » (Bainvel, *ibid.*, p. 237.) Donc, tout au plus, certains théologiens catholiques soutiennent que la nature humaine a été *affaiblie et blessée* dans ses forces natives, mais non pas *foncièrement et incurablement* corrompue par la faute originelle, comme nous le prête bénévolement M. Séailles. Puis, oublieux de ses précédentes affirmations, celui-ci finit par conclure d'une façon digne de Luther et de Calvin : « En fait, l'homme est une bête méchante et cruelle. » (P. 113.)

b) « Le bien n'est pas d'achever la nature, mais de la détruire. » (P. 46.) — *Réponse :* M. Séailles nous attribue précisément le contre-pied de l'axiome théologique bien connu : « *La grâce ne détruit pas la nature ;* elle la transforme et l'élève. » (Cf. Bainvel, *ibid.*, chap. IV, p. 149 *sqq.*)

c) « La vertu maîtresse, *principe* de toutes les autres, qui *dérive* de la foi, qui est déjà contenue en elle, puisqu'elle en est l'achèvement, est la charité. » (P. 47.) — Quel galimatias ! Comment la charité peut-elle être le *principe* de la foi (puis-

qu'elle est, d'après M. Séailles, le principe de *toutes* les vertus), et en même temps en *dériver ?* Tout chrétien sait d'ailleurs qu'il y a distinction spécifique entre la foi et la charité,
parce que l'une peut aller sans l'autre : ici-bas, tout péché
mortel fait perdre la charité sans enlever la foi (à moins que
ce ne soit un péché contre la foi) ; là-haut, la foi et l'espérance
disparaissent : il n'y a place, au ciel, que pour la charité.
(Saint Paul, *I Cor.*, xiii.)

d) « La foi est un acte de volonté et un élan du cœur. »
(P. 46-47.) — *Réponse :* La foi est *aussi* et *d'abord* un acte
d'intelligence.

e) « Plus profondément la charité est l'union avec *Dieu le
Père.* » (P. 48.) — *Réponse :* Non ; la charité est l'union avec
Dieu, Père, Fils et Saint-Esprit. Et quand on veut indiquer
celle des trois personnes à laquelle on attribue, par appropria-
tion, la diffusion de la charité dans l'âme purifiée, ce n'est pas
à Dieu le Père, mais au Saint-Esprit qu'on la rapporte.

f) « La foi, l'espérance et la charité sont les trois grandes
vertus chrétiennes, vertus intimement unies, *inséparables...* »
(P. 49.) — *Réponse :* Ces vertus, nous l'avons montré (cf.
supra, c), sont au contraire, très séparables.

g) « Jésus partage le préjugé juif, au moment où il s'en
affranchit et annonce la conversion des gentils : « Avez-vous
lu dans les Écritures : « *La pierre qui a été rejetée* (les gentils) par ceux qui bâtissaient, est devenue la pierre d'angle ? »
(P. 96.) — *Réponse :* Décidément. M. Séailles joue de malheur :
il est aussi pénétrant exégète qu'exact théologien. *La pierre
qui a été rejetée* ne signifie pas les gentils, mais le Christ lui-
même, pierre angulaire de l'Église.

Ces quelques spécimens montrent assez bien, ce semble, le
genre de précision que M. Séailles apporte dans l'exposition
du dogme chrétien. On pourrait poursuivre longtemps l'énumé-
ration de ces travestissements. J'en passe, et des plus graves :
il y a notamment une confusion perpétuelle entre ce qui est de
précepte et ce qui est de *conseil* dans la morale évangélique
(par exemple p. 54, 61, 77). M. Séailles dit encore (p. 56-57)
que Jésus « ne légifère que pour les individus », que le christianisme a seulement en vue « la recherche exclusive du salut
individuel » (p. 82) ; de là son « insuffisance sociale » (p. 62) ;
qu' « en somme, les idées de civilisation et de progrès...
restent étrangères à l'idéal chrétien » (p. 59) ; que la charité
« est livrée à l'arbitraire des individus et ne s'exerce jamais »
(p. 66) ,etc. Après un exposé aussi consciencieux de la doctrine
catholique, M. Séailles se permet de tirer cette conclusion :

« Le mystère et l'absurdité ne nous paraissent plus des raisons
de croire ; l'immoralité, sans autre examen, nous paraît une
raison suffisante de nier. » (P. 70.) Cette phrase n'est qu'un
écho affaibli de l'objection qu'on nous jette parfois à la tête
sous cette forme plus brutale : *Credo quia absurdum.* Prise à
la lettre, une telle phrase serait une ineptie. La formule
plus adoucie de M. Séailles n'est d'ailleurs qu'un nouvel exemple des travestissements dont il est coutumier. L'idée première de cette objection a dû être inspirée par une expression
oratoire de Tertullien, dont la verve africaine s'accommodait
mal des figures tempérées : « Et mortuus est Dei Filius ; *pror-
sus credibile est quia ineptum est* ; et sepultus resurrexit ;
certum est quia impossibile. » (*De Carne Christi,* C. V.;
Migne, *P. L.; Tertullien,* t. II, col. 761.) Le contexte explique
la pensée de Tertullien : les merveilles de la mort et de la résurrection de Jésus-Christ sont au-dessus des moyens humains ;
donc elles dénotent une intervention divine. Ce qui paraît inadmissible à la simple raison est croyable à la raison éclairée
par la foi ; ce qui est impossible à l'homme est possible à Dieu.
Si c'est Dieu qui agit, il doit agir d'une façon extraordinaire et
incompréhensible. D'où ce raisonnement d'une allure para-
doxale : Invraisemblable, donc croyable ; impossible, donc
certain. (Cf. Freppel, *Tertullien,* t. I, p. 423-425.)

TABLE DES MATIÈRES

809-04. — Imp. des Orph.-Appr., F. Blétit, 40, rue La Fontaine, Paris.